El chocolate

Enrico Medail - Marie Gosset

EL CHOCOLATE

dve
PUBLISHING

Traducción de Nieves Nueno Cobas.

Diseño gráfico de la cubierta de Design 3.

Fotografías de la cubierta y del interior de © Studio Novak-Milán.

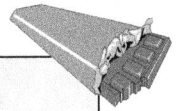

Índice

INTRODUCCIÓN

Bien podemos decir que nos hallamos en pleno «renacimiento del chocolate». En nuestros días se multiplican las asociaciones, los clubes y las manifestaciones dedicados a la morena sustancia, que ha despertado en personajes de todos los tiempos y todas las culturas un amor visceral y… sin salvación. Así, el 11 de abril de 1999, en la Universidad de Pavía, ante ilustres juristas, magistrados y penalistas, se celebró un «proceso contra el chocolate» que, después de seis horas de intenso debate, concluyó con la triunfal absolución del acusado. Y así, hoy en día, multitudes de «adictos al chocolate» salen al descubierto ostentando orgullosamente su «condición». Por lo demás, ya están lejos los tiempos en que se sentían obligados a ocultar su pasión y a cultivarla celosamente en la intimidad, atemorizados ante la idea de ser descubiertos y señalados como impenitentes pecadores.

Así pues, ignorar esta especie de «gran movimiento liberador» es imposible. Por eso se nos ha ocurrido dedicar un libro entero precisamente al chocolate.

Recorreremos juntos la historia de la semilla de cacao y su largo camino, le daremos a conocer las numerosas especialidades que protagoniza y le proporcionaremos información útil sobre el uso del chocolate en la cocina. Además, le hablaremos de sus características organolépticas, cuyo estudio ha llevado a los investigadores a hallar una explicación científica a la asociación que siempre se ha efectuado entre este ingrediente y el amor o el deseo. El chocolate contiene feniletilamina, una sustancia química estimulante producida también por el cerebro cuando estamos enamorados. Por este motivo hay quien considera que su consumo reproduce, hasta cierto punto, los efectos físicos del enamoramiento.

¿Verdad o leyenda? No nos corresponde a nosotros decirlo. Nos basta con parafrasear a Shakespeare, recitando: «Si el chocolate es el alimento del amor, ¡entonces comamos!».

El alimento de los dioses: breve historia del chocolate

Entre historia y leyenda

Según los botánicos, el árbol del cacao crecía de forma espontánea ya 4.000 años antes de nuestra era en las cuencas de los ríos Orinoco y Amazonas. Los primeros en cultivarlo debieron ser los mayas, que lo introdujeron en el Yucatán durante las migraciones del siglo XVII a. de C. Desde allí el cultivo se difundió hacia el sur a través de los toltecas, el pueblo que precedió a los aztecas en la historia de Centroamérica.

El dominio azteca implicó la sumisión de los toltecas, de los olmecas y de todas las poblaciones que constituían el inmenso imperio de los adoradores del Sol y de la Serpiente Plumada, o Quetzalcóatl, el dios fundador de la estirpe y de la cultura precolombina de México. Los aztecas atribuyen el origen del cacao precisamente a Quetzalcóatl.

Sus semillas se consideraban un bien precioso, hasta el punto de que se les atribuían valores místicos y religiosos. Además, eran utilizadas como forma de pago y como unidad de cálculo. Por ejemplo, 400 semillas de cacao constituían un *zontli*, mientras que 8.000 formaban un *xiquipilli*. Pero su función más importante era culinaria, lo que no es de extrañar porque, después de tostarlo, molerlo, mezclarlo con un líquido y batirlo hasta que se volvía espumoso, el cacao se convertía en el principal ingrediente de una bebida espumosa llamada *xocolatl*. Se trataba de un preparado amargo y poco apetitoso que los aztecas bebían de forma habitual para eliminar la fatiga y estimular las fuerzas físicas y mentales; en definitiva, un instrumento para la supervivencia y la trascendencia.

Pero volvamos a Quetzalcóatl. Como todas las plantas de significado social y simbólico, también el cacao presume de un origen divino. Narra la leyenda que una princesa que guardaba las riquezas de su esposo, un gran guerrero que había partido a defender los confines del imperio, fue asaltada por los enemigos, que en vano intentaron obligarla a revelar dónde estaba escondido el tesoro. La princesa no habló, y los asaltantes la mataron. Y de la sangre vertida por la fiel esposa nació la planta del cacao, cuyos frutos, según la leyenda, ocultan un tesoro de semillas amargas como los sufrimientos del amor, fuertes como la virtud y rojizas como la sangre. Era el don de Quetzalcóatl a la fidelidad pagada con la muerte, la misma fidelidad que, en el inmenso imperio azteca, vinculaba los súbditos al emperador.

UN NOMBRE APROPIADO

En 1775, tras reconocer sus propiedades únicas, el naturalista sueco Carl von Linneo dio al árbol del cacao el nombre *Theobroma*, palabra griega que significa «alimento de los dioses».

Un encuentro fugaz

Parece ser que los primeros europeos que entraron en contacto con la planta y los frutos del cacao fueron los hombres de Cristóbal Colón en el transcurso del cuarto viaje de exploración, entre 1502 y 1504.

Los barcos españoles, al llegar a la isla de Guanaja, frente a la costa de Honduras, fueron recibidos por una canoa indígena tripulada por veinticinco remeros. Estaba cargada de armas, telas, vasijas y pequeñas semillas oscuras que los indios usaban como moneda. Eran los frutos del árbol del cacao pero, como es natural, los navegantes españoles no podían saberlo, ni tampoco podían imaginar el tesoro que se ocultaba en aquellas pequeñas semillas. Es probable que se preguntasen qué extraño valor encerraban, pero en ese momento las cosas no fueron más lejos.

El regreso de Quetzalcóatl

A principios del siglo XVI Quetzalcóatl era un dios ausente. Había abandonado a su pueblo hacía milenios, cuando fue derrotado por otro dios, malvado y engañador. Sin embargo, había jurado que algún día volvería para vengarse y devolver a los aztecas el esplendor de antaño.

Quetzalcóatl, el dios blanco de un pueblo de piel oscura, había prometido que volvería desde el mar. Por ello, cuando en 1519 llegaron a Centroamérica los barcos de Hernán Cortés y bajaron de ellos hombres blancos y barbudos, los aztecas no tuvieron dudas: Quetzalcóatl, tal como dijo, había regresado desde el mar.

Moctezuma, el emperador y sacerdote de la época, acogió en persona a los hombres de Cortés, rindiendo así homenaje al hombre que al poco tiempo destruiría su reino y su vida. Junto a otros regalos, les ofreció el oscuro y aromático *xocolatl*, pero a los conquistadores les interesaba una única cosa, el oro, y no tenían tiempo ni ganas de «rebajarse» a conocer las costumbres de un pueblo que, a sus ojos, era bárbaro e infiel, y por consiguiente sólo despreciable. Así fue destruido el imperio azteca y, con él, todas sus maravillas.

No obstante, los hábitos cotidianos no podían borrarse de un plumazo. Bajo el dominio español los campesinos continuaron alimentándose de maíz y bebiendo el *xocolatl*, gracias al cual podían caminar durante horas por los impracticables caminos de montaña y doblar la espalda para el duro trabajo de la cosecha sin apenas advertir la fatiga.

Entonces los españoles comprendieron por qué aquella bebida y aquella planta se consideraban tan valiosas, y desde ese momento también el cacao y el chocolate pasaron a formar parte de su botín de conquista.

El sabor mejora

Cortés volvió a la patria en 1528, y llevaba consigo, entre otras cosas, los frutos del árbol del cacao, que de inmediato suscitaron gran interés entre los botánicos, así como los utensilios para la preparación del *xocolatl*.

Al parecer, fue un fraile, Fray Aguilar, de la Orden del Císter, que viajaba con Cortés, quien hizo llegar el cacao al abad Antonio de Álvaro, del Monasterio de Piedra, Zaragoza, donde se elaboró el chocolate por primera vez en Europa.

La bebida en seguida pasó a formar parte de los hábitos de los españoles, que a la receta original añadieron, primero, guindilla y otras especias picantes para mitigar el sabor amargo y, luego, azúcar. Precisamente este último ingrediente contribuyó de forma considerable al aumento de la popularidad del cacao, hasta el punto de que España empezó a plantar árboles de cacao en sus tierras de ultramar.

La aristocracia española era la única consumidora en Europa de este alimento, que fue mantenido en secreto durante un siglo aproximadamente. Con el tiempo comenzó a consumirse, siempre en forma de bebida, con canela o vainilla incorporadas.

Poco a poco, el chocolate fue conquistando el corazón de sus consumidores, y se convierte en un producto de gran importancia, dedicándole escritos y tratados. Entre los escritos publicados, hay que destacar el del médico andaluz Antonio Colmenero de Ledesma, quien en 1631 publicó en Madrid *Curioso tratado sobre la naturaleza y calidad del chocolate*, el cual se convirtió en obra básica de referencia sobre el tema durante todo el siglo XVII.

A la conquista de Europa

En 1615 el cacao llega por fin a Francia. Su advenimiento se debe a la boda de la princesa española Ana, hija del rey Felipe III, con el rey de Francia Luis XIII. Por indicación de la recién casada se comienza a servir chocolate en la corte de Francia y, como tantas otras costumbres cortesanas, tomarlo se pone de moda en todo el país.

En el siglo XVII los holandeses, hábiles navegantes, disputan a los españoles la explotación comercial del cacao y conquistan el control del mercado mundial. Transportan desde América los valiosos granos, hacen escala en los puertos españoles y prosiguen hacia su país, donde el cacao es esperado por muchos entendidos y ensalzado por médicos ilustres casi como panacea de todos los males.

Probablemente el chocolate llega a Alemania hacia 1646 gracias a un estudioso de Nuremberg, Johann Georg Vollkammer, que lo había probado en Nápoles. Pese a algunas vacilaciones iniciales, los alemanes lo adoptan de buen grado, pero el gobierno aplica tales tasas sobre el producto que muy pocos pueden permitirse su consumo.

Unos años más tarde, en 1657, los ingleses descubren el chocolate. Aunque al principio se considera una extravagancia y se limita a círculos restringidos, se populariza cuando se abren locales para su degustación. En 1674 un célebre café londinense, el *At the Coffee Mill and Tobacco Roll*, ofrece a sus clientes el chocolate no sólo como bebida, sino también en forma de pastelillos.

Por último, le llega el turno a Suiza. El burgomaestre de Zurich, Henry Hescher, durante un viaje a Bruselas bebe con entusiasmo chocolate. De regreso a su ciudad lo da a probar a sus amigos, que a su vez lo comparten con otros amigos y así sucesivamente. El entusiasmo es grande, pero nadie podía imaginar todavía el luminoso porvenir que tendría el chocolate en tierras helvéticas.

Chocolate y religión

¿Era el chocolate una bebida idónea para los días «de abstinencia» prescritos por la Iglesia? ¿Rompía o no rompía el ayuno? Un decreto del papa Pío V había establecido que los líquidos no infringían el ayuno, pero ¿podía el denso y aterciopelado chocolate definirse como un líquido? La duda era más que legítima, dado que el chocolate había entrado incluso en las iglesias.

Las damas españolas habían adquirido el hábito de beberlo justo después de misa. Al principio era la servidumbre la que llevaba a la iglesia las jarras humeantes, pero luego los monjes se ofrecieron a sustituir a los criados. El rito matutino se convirtió así en un momento de entretenimiento que tenía mucho de mundano y muy poco de religioso. La Iglesia trató de poner freno a esta nueva costumbre prohibiéndola, pero el clero protestó y, así, intelectuales y teólogos se hallaron discutiendo sobre la naturaleza de la bebida.

Finalmente, alguien acabó con la controversia para satisfacción general. Fue el cardenal Brancaccio, cuya lógica era tan sutil como acomodaticia y su moral, desenvuelta. Recurriendo a una definición aristotélica, en 1662 dictaminó que el chocolate era una bebida *per accidens*, pero siempre una bebida, como el agua o el vino, y, por ello, podía ser admitido en la sacristía. Cabe mencionar que el alto prelado estaba personalmente interesado en la cuestión, pues le encantaba el chocolate, incluso había dedicado al cacao una larga oda.

El progreso

Hasta la segunda mitad del siglo XVIII todo el proceso de elaboración del chocolate, desde la recogida de los frutos hasta el producto acabado, se realizaba de forma artesanal. No obstante, hubo algunos intentos de facilitar y mecanizar alguna de las fases de elaboración. Por ejemplo, el francés Dubuisson sustituyó el plano inclinado donde el operario trituraba de rodillas los granos de cacao por un plano horizontal caliente, que permitía trabajar con mayor comodidad y de pie. En 1777, en Barcelona, un productor de chocolate, Fernández, que ostentaba el título de «fabricante del chocolate de Madama la Delfina y de los Príncipes Señores de la Corte», consiguió producir mecánicamente el chocolate por primera vez.

La Revolución francesa y los cambios políticos de finales del siglo XVIII frenaron el progreso industrial, pero a comienzos del siglo XIX, junto al desarrollo de las plantaciones de cacao en el mundo, la industria chocolatera se organizó y perfeccionó en varios países.

11

En primer lugar, se consiguió solidificar el chocolate para obtener la tableta. Se disputan el hallazgo turineses y suizos. Estos proponen a Cailler como su descubridor, frente a los turineses, que afirman que en 1802 Bozelli trabajaba en una máquina hidráulica para refinar la pasta de cacao y mezclarla con azúcar y vainilla. Se puso a punto el descubrimiento y, en torno a 1820, se fabricó en Inglaterra la tableta de *Fry & Sons*, una mezcla granulosa de licor, chocolate, azúcar y manteca de cacao.

En 1828 el holandés Conrad Van Houten dio un importante salto cualitativo al crear una prensa para exprimir los granos molidos de cacao que permitía separar la manteca del polvo del cacao, que a su vez podía amalgamarse mejor con agua y especias. Además, Van Houten eliminó la acidez del cacao, que tendía a dar al polvo un gusto amargo no muy agradable.

Al parecer, del «genio culinario» turinés nacieron los bombones, del tamaño de bellotas, fabricados a partir de una pasta de cacao trabajada a mano y modelada toscamente. Se les llamaba *divu*, que en dialecto piamontés significa «colilla».

Por su parte, los suizos obtuvieron resultados muy importantes en el perfeccionamiento del chocolate industrial. El hito más prestigioso fue la invención del chocolate con leche hacia 1875 por Daniel Peter, que aprovechó de forma genial un producto creado por Henri Nestlé: la harina láctea.

Durante el siglo XIX el cacao y el chocolate fueron ensalzados y vendidos como alimentos energéticos y saludables, especialmente adecuados para los niños, los jóvenes en fase de crecimiento y las personas débiles. El cacao se suministraba con leche, en forma de bebida, durante el desayuno o la merienda; en cambio, el chocolate, cuyos precios ya no eran prohibitivos, seguía siendo un alimento que no estaba al alcance de todo el mundo. Así, hasta mediados del siglo XX los bombones fueron un signo inconfundible de lujo, fiesta y bienestar económico.

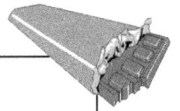

DE LA PLANTA
AL PRODUCTO ACABADO

El árbol del cacao

Tronco delgado y follaje muy decorativo que, antes de llegar al verde oscuro de la madurez, pasa por todos los tonos del rojo, el marrón y el bronce: es el espléndido árbol del cacao, el *cacahuaquahitl* de los mayas y los aztecas. En estado silvestre alcanza los 10 metros, pero en las plantaciones, para facilitar la cosecha, se mantiene en torno a los 5 o 6 metros. Su hábitat es tropical y su altitud idónea está

LAS ESPECIES CULTIVADAS

Entre las especies cultivadas de árbol de cacao existen las variedades «Criollo» y «Forastero», además de los híbridos. La primera es la más apreciada, aunque también la más delicada y menos productiva. Está muy extendida en Venezuela, Colombia y sobre todo México, si bien es originaria del Amazonas. Presenta habas gruesas y redondeadas, claras y de sabor dulce con fondo un poco amargo. La segunda variedad, originaria de la Alta Amazonia y de la que derivan los árboles africanos, tiene habas bastante planas de color rojo pardo, con piel gruesa y un sabor fuerte y amargo debido al mayor contenido de tanino. Se trata de una planta robusta, caracterizada por un crecimiento más rápido que la «Criollo» y una mayor productividad, pero su calidad es menos apreciada. Dadas las cualidades y los defectos de las dos variedades, los cultivadores suelen utilizar ambas, cruzándolas para obtener semillas híbridas, distintas unas de otras por su sabor, aroma y color. Por ejemplo, el «Trinitario» es un logrado ejemplar de árbol de cacao que reúne las características positivas de las dos variedades. Como sucede con el café, una sola calidad de cacao no es suficiente para obtener un buen chocolate, pues resulta fundamental la mezcla de calidades distintas, según recetas celosamente custodiadas por cada fabricante.

en torno a los 400 metros. El terreno debe ser rico en nitrógeno y potasio, el clima, húmedo y la temperatura tiene que oscilar entre 20 y 30 °C.

El árbol del cacao es delicado, no soporta los cambios bruscos de temperatura ni la luz directa. Por este motivo, a fin de proteger las plantas del sol, el viento y la lluvia, se recurre al llamado *sombramiento*, es decir, a la creación de una barrera de árboles protectores imprescindible sobre todo cuando se trata de árboles jóvenes. Cada uno es plantado junto a un árbol más robusto, por lo general un bananero, que actúa como defensa durante el crecimiento.

La recolección

Yemas, flores, hojas y frutos conviven al mismo tiempo en el árbol del cacao. La floración es continua, al igual que el brote de nuevas hojas que despuntan directamente en el tronco y en las ramas más gruesas. Las flores, amarillas o rosadas, sin perfume, nacen a partir del tercer año de vida de la planta y en su mayoría caen antes de ser polinizadas por los insectos. Por término medio, de cien flores sólo una se transformará en fruto, al cabo de unos cinco meses.

El fruto es ovoide, agudo en los dos extremos, y sobresale del tronco y de las ramas, a los que está unido mediante un peciolo. Mide entre 15 y 20 cm de longitud y cuando está maduro su piel es dura como el cuero. Contiene hasta cuarenta semillas, también denominadas *habas*, dispuestas en cinco filas y hundidas en una pulpa blanca, mucilaginosa y dulce. La recolección se efectúa varias veces al año, dado que siempre hay frutos maduros, aunque en general se concentra en dos periodos: uno principal, en el que se cosechan los frutos de óptima calidad y mejor desarrollados, y otro en el que se cosechan los de calidad inferior.

De veinte frutos frescos se obtiene aproximadamente un kilo de habas secas. Con un cuchillo especial en forma de hoz fijado en una vara, y procurando no dañar las flores y los brotes cercanos, se corta el pedúnculo del fruto, que luego se secciona a lo largo para liberar las semillas de la pulpa. A continuación, se realiza la fermentación en cubeta, que sirve para eliminar la pulpa residual y reducir el sabor amargo y las propiedades astringentes de las semillas, a la vez que desarrolla los aceites esenciales y, por lo tanto, los aromas, que determinarán el valor del producto.

Al cabo de unas dos semanas las habas son puestas a secar al sol en superficies con tejados deslizantes que las protegen de las lluvias. Por último, dentro de sacos de yute, salen por mar hacia los diversos destinos.

En el lugar de destino

Los sacos de semillas procedentes de los países tropicales se almacenan en locales frescos y ventilados donde no puedan absorber olores. Su viaje ha sido largo, al igual que los complejos procedimientos para transformar las semillas, primero, en polvo y, a continuación, en bombones y tabletas.

Después del control de calidad, las habas se someten a un proceso de tostado que aumenta el aroma del cacao y favorece un mayor desprendimiento de la semilla respecto a la piel. Pasan luego a las mondadoras, que con un sistema de ce-

¿NEGRO O CON LECHE?

Cuando se habla de chocolate siempre se realiza esta distinción fundamental que divide a los aficionados.

Los entendidos se decantan claramente a favor del negro, el chocolate por antonomasia, oscuro y sobrio, que primero se huele, como un buen vino, para captar su pleno aroma y luego se saborea dejando que se funda en el paladar y la lengua. Para ellos, el chocolate con leche es demasiado dulce y suave, más adecuado para los niños. Sin embargo, esta opinión influye poco en la gran multitud de aficionados, que dividen por igual sus preferencias entre los dos tipos, por no hablar de las infinitas variantes enriquecidas con todos los ingredientes imaginables, capaces de satisfacer todos los gustos.

pillado eliminan impurezas y cuerpos extraños y proceden, además, al calibrado, es decir, a la clasificación de las semillas en función del tamaño. Después se envían a la torrefacción.

La torrefacción

Ese famoso, inconfundible y embriagador aroma capaz de estimular como pocos el sentido del olfato depende en su totalidad de la torrefacción, que resulta determinante para la calidad del producto acabado. En unas grandes esferas giratorias, las habas se tuestan durante 15 o 20 minutos a una temperatura que varía entre 110 y 120 °C, procedimiento que elimina la humedad y la acidez, al tiempo que favorece el desarrollo de los principios aromáticos.

Resulta fundamental bloquear el proceso de torrefacción en el momento apropiado, puesto que si este se prolongase demasiado las habas de cacao quedarían carbonizadas.

Después de un rápido enfriamiento con ventilador las habas se introducen en la máquina rompedora del cacao, que procede a la eliminación del germen, a la separación de las pieles y a la trituración en grano.

A continuación, con un sistema de cedazos decrecientes se selecciona el grano torrefacto que se muele, para dar como resultado una pasta fluida, la pasta de cacao, que contiene por término medio un 54-55 % de manteca de cacao.

El mezclado

En esta fase el chocolate adquiere su personalidad definitiva. En recipientes metálicos del tamaño de bañeras la pasta viscosa y marrón se mezcla, se bate y se airea durante horas y horas, a una temperatura constante de 60-80 °C. El proce-

CACAO EN POLVO Y CHOCOLATE

El cacao en polvo y el chocolate tienen un origen común. Ambos derivan de la pasta de cacao, que se solubiliza, se muele muy fina y, por último, se desgrasa parcialmente mediante el uso de prensas hidráulicas. La manteca de cacao derivada, en forma de aceite amarillo, se filtra, se cuela y se enfría. Queda así la parte sólida, llamada *paño o torta de cacao*, que es durísima por haberse solidificado a 600 atmósferas y que contiene del 8 al 26 % de manteca de cacao, a su vez triturada y reducida a polvo muy fino. Para obtener el chocolate se mezclan diversas calidades de pasta de cacao sin desgrasar, según criterios de elección y dosificaciones que constituyen los secretos de fabricación de cada productor. A esta mezcla se añaden los diversos ingredientes previstos por el tipo de chocolate que se quiere obtener, es decir, manteca de cacao, azúcar, leche en polvo y especias. La proporción entre cacao y azúcar determina la calidad del chocolate, sobre todo del negro. La masa obtenida se traslada de la mezcladora a la refinadora.

samiento en cubetas puede durar incluso varios días, según el sabor de chocolate que se desee obtener. En esta duración influyen también las costumbres alimentarias de los distintos países. Por ejemplo, el chocolate americano, bastante áspero, pasa en las cubetas 18 horas, mientras que el suizo, incomparablemente aterciopelado, se somete a un procesamiento de 72 horas.

El producto acabado

Por último, llega el momento del temple, durante el cual la pasta líquida se lleva a una temperatura capaz de favorecer la finísima cristalización de la manteca de cacao, a fin de normalizar la consistencia del producto con vistas a los posibles cambios de temperatura a los que se someterá. A continuación, se procede al modelado, durante el cual la pasta, distribuida de forma automática en moldes de acero inoxidable, adquiere la forma definitiva.

Los moldes rellenos de pasta templada avanzan por una cinta sometida a vibraciones continuas cuya finalidad es eliminar las burbujas de aire y adherir perfectamente el compuesto a las paredes. Los moldes atraviesan finalmente el túnel de enfriamiento, a unos 6 °C, donde el chocolate, al solidificarse, se contrae y puede extraerse con facilidad.

El arte de la pastelería con chocolate en Europa

Alemania

Alemania produce un chocolate amargo intenso, oscuro y delicioso, robusto y lleno de aroma, aterciopelado y liso, casi viscoso. Los amantes del chocolate semiamargo consideran insuperables las variedades alemanas, además de excelentes para la preparación de ciertos dulces, como el famoso mazapán recubierto de chocolate.

Austria

Los austriacos aman apasionadamente el chocolate en todas sus versiones, tanto propias como foráneas. Los lugares apropiados para caer en el dulce vicio son las *Konditorei* (pastelerías), que ofrecen una amplia variedad de productos. En Viena, por ejemplo, existe una pastelería que produce chocolate según recetas que se remontan a 1776, año de fundación de la casa. Los bombones, hechos a mano y con los rellenos más diversos, se envasan luego en latas que, por sí solas, son auténticas obras de arte.

Bélgica

Para muchos entendidos los bombones belgas son los más refinados, bellos y brillantes, en otras palabras, los mejores. Famosos por su sabor profundo e intenso, por los rellenos de *crème fraîche*, más ligera que el aire, y de cremoso praliné y por la complejidad de las formas, los bombones belgas son una verdadera delicia.

España

En España, como reza el dicho, «Las cosas claras, y el chocolate espeso». Y el motivo hay que buscarlo en la afición, tan española, por mojar en el chocolate un churro, un bizcocho, una porra o un picatoste de pan del día anterior. Además, en España se cultiva maravillosamente la rama más artística de la repostería: la co-

DESDE AUSTRIA, EL DULCE
DE CHOCOLATE MÁS FAMOSO: LA TARTA SACHER

Este dulce vienés, nacido para satisfacer el exigente paladar de un príncipe, aún seduce desde la distancia de los años a todos los golosos. En la historia de Viena ha dejado una huella tan profunda que puede considerarse al mismo nivel que expresiones de arte tan representativas como la pintura, la escultura o la arquitectura, auténtico símbolo de la excelencia de la ciudad. Descubramos, a continuación, la historia de esta joya gastronómica. En los libros de cocina vieneses de los siglos XVIII y XIX las recetas de dulces estaban presentes en mayor número que las de carne. Costumbre extraña, sobre todo porque los dulces siempre han sido prerrogativa de las clases más ricas. Sin embargo, en Viena constituían al mismo tiempo una expresión tanto de rango como de respeto de la estricta observancia católica en los periodos de abstinencia. Así, las clases más acomodadas, durante estos periodos, se alimentaban sobre todo de dulces que, tanto por su riqueza de ingredientes como por su creatividad, constituían por sí solos una comida completa. Es el año 1832, Europa acaba de dejar a sus espaldas la Revolución francesa y los sucesos napoleónicos. Viena, capital del Imperio austrohúngaro, es una ciudad aristocrática, rica, fascinante y culta, verdadero centro de la cultura europea. En ella las noches transcurren entre las notas de los melódicos valses de Strauss y el tintineo de los cálices, y elegantes carrozas recorren las avenidas a orillas del Danubio, testigo de suntuosidad y grandeza. Allí, en la corte del príncipe canciller austriaco Klemenz Wenzel Lothar von Metternich Winnesburg, trabaja el joven pastelero Franz Sacher.

bertura. Prueba excelente de ello son las «monas» de Pascua, ejemplos de auténticas esculturas en chocolate.

Francia

En Francia el chocolate posee una larga tradición. Hoy en día el mejor chocolate francés es denso, intenso y aromático, el chocolate amargo más apreciado por los entendidos. Muchas calidades tienen un sabor de fondo similar al del café, y se aprecian mejor acompañadas de una copa de coñac. Por su parte, los bombones tienen además una estética muy atractiva, perfectos para ser regalados.

Gran Bretaña

El chocolate británico suele ser más dulce que los demás chocolates europeos, dulce pero no azucarado, más bien suave y cremoso. Para apreciarlo al máximo se

Para Metternich, conocido por ser un goloso y un gourmet muy refinado, amante sobre todo de las confecciones de chocolate, Franz Sacher inventa cada día un dulce distinto: tartas de chocolate y almendras, de chocolate y ron, de chocolate y castañas. Un día se le ocurre crear una tarta ligera, suave, no pegajosa. Nace así la tarta Sacher (*Sachertorte*), un sublime compuesto de harina, huevos, azúcar y chocolate que combina a la perfección con la mermelada de albaricoque. En pocos años la fama de la tarta de chocolate de la corte de Metternich se difunde por toda Viena, hasta el punto de que recibir una invitación a casa del canciller es considerado, también por la degustación de la tarta, un verdadero privilegio. En 1866, junto a su hijo Eduard, Franz Sacher abre un establecimiento de *Delikatessen* (en alemán, «especialidades gastronómicas») y un hotel, que se convierte en uno de los más solicitados de la ciudad gracias a la frecuentación por parte de la nobleza y de los oficiales del ejército, así como de artistas y testas coronadas que contribuyen a magnificar por todo el mundo la tarta de chocolate, tan ligera y sabrosa. En los años treinta se desencadena una confrontación entre el Hotel Sacher y la pastelería Demel acerca de la paternidad de la tarta. La familia Sacher había cedido el hotel a un bisnieto de Franz Sacher quien, al poseer una copia de la receta, había abierto la pastelería Demel, donde ofrecía la misma tarta que el hotel. Por poco no estalla una auténtica guerra. El «caso» es llevado ante los tribunales y se resuelve gracias a comisiones específicas de cata que juzgan si las dos creaciones se corresponden, e instauran la obligatoriedad de un símbolo de chocolate con la indicación del lugar de procedencia que distinga las dos tartas. Aún en la actualidad los golosos más empedernidos se divierten paseando de un sitio a otro para tratar de averiguar cuál de las dos tartas es la original y la mejor.

puede degustar con fruta sabrosa o jengibre picante. Por otra parte, los ingleses son unos verdaderos especialistas en combinar la menta con el chocolate. ¿Quién no conoce esas deliciosas chocolatinas cuadradas y refrescantes particularmente indicadas para después de cenar?

Italia

El chocolate es brillante, fino, delicado y sofisticado, dulce y al mismo tiempo excitante. Los bombones italianos, a menudo enriquecidos con avellanas, en su mayoría procedentes del Piamonte, se producen y presentan tradicionalmente con mucho mimo, en una rica e imaginativa serie de formas.

Holanda

El chocolate holandés es prácticamente sinónimo de bebida humeante, imprescindible para calentarse en los fríos días de invierno, pero también de cacao ex-

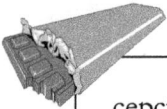

cepcional y delicioso, en forma de tabletas o de bombones. El mejor chocolate holandés es rico, brillante y fuerte, pero nunca amargo, y se funde cremoso en la boca. A diferencia del resto de europeos, para su producción los holandeses no utilizan valiosos moldes antiguos, pero el atractivo de su chocolate reside precisamente en su simplicidad.

EL HUEVO DE PASCUA

«La vigilia del Viernes Santo, todas las campanas del mundo vuelan hasta Roma y se ponen en fila frente al Papa, en espera de ser bendecidas. El Papa las bendice, una por una, y las bendiciones se transforman en bombones de todas las formas y todos los tipos. Esta es la historia de por qué en Pascua nos regalamos chocolate»: sin duda, es bonita esta fábula que Vianne, fascinante protagonista del *best seller Chocolat* de Joanne Harris, cuenta a la pequeña Anouk y a sus amiguitos. Pero aún más encantadora es la verdadera historia del huevo de chocolate y de su vínculo con la Pascua. La costumbre de regalar huevos frescos, símbolo de vida naciente para egipcios, griegos y fenicios, con el fin de festejar la llegada de la primavera se remonta a cincuenta siglos atrás y se atribuye, en primer lugar, a los persas. Sin embargo, de los huevos frescos a los decorados hay algo más que un paso. Es necesario dar un salto adelante de varios miles de años hasta llegar a la corte francesa de Luis VII. Afirma la leyenda que un abate parisino había recibido al soberano, de regreso de la Segunda Cruzada, con un regalo de cientos de huevos, demasiados incluso para el cortesano más glotón. Entonces Luis VII ordenó que los pintasen y los repartiesen entre sus súbditos. Un nuevo salto en el tiempo, esta vez de cuatro siglos, y llegamos a otra corte francesa, la de Luis XIV, resplandeciente y mundana. Dice la historia que fue precisamente del Rey Sol, derrochador y amante del lujo y los refinamientos, la idea de recubrir de chocolate los huevos. Una idea de éxito que ha llegado hasta nosotros, aunque, desde la época de Luis XIV, tendría que pasar todavía un siglo para que el huevo de chocolate se convirtiese en el regalo tradicionalmente ligado a la Pascua.

Desde luego, las cosas han cambiado un poco. Los huevos ya no están sólo recubiertos, sino íntegramente compuestos, de chocolate. Y el regalo, de significado no tan religioso como simbólico, oculta una sorpresa, que en la mayoría de casos suele ser modesta (nada que ver con los famosos huevos-joya de Peter Carl Fabergé, orfebre de la

Suiza

El chocolate con leche helvético es, sin duda, el número uno. De todas formas, el sumo resultado del arte chocolatero suizo es la trufa, que, como todos los demás bombones, se presenta deliciosa y exquisitamente envasada.

corte de los Romanov, adornados con esmaltes y piedras preciosas). Sin embargo, aún en la actualidad, la apertura del huevo de Pascua tiene algo mágico, y no sólo para los niños. Así, últimamente los adultos han redescubierto la costumbre de intercambiarse huevos de Pascua, cada vez más personalizados porque incluyen una sorpresa de propia elección. Se dirigen al pastelero de confianza para encargar un huevo, sencillo o decorado, en el que introducir una sorpresa *ad hoc*. En definitiva, chocolate y fantasía son los ingredientes del huevo de Pascua.

La base de un producto como es debido es una cobertura de chocolate con un porcentaje de manteca de cacao comprendido entre el 40 y el 42 %. El chocolate, cortado en escamas, debe calentarse al baño María hasta alcanzar la temperatura de 31 °C; se procede, a continuación, al temple, por medio de una templadora adecuada o de forma manual; por último, el chocolate se vierte en moldes de policarbonato o acero, lavados y secos. Para distribuirlo uniformemente es necesario girar los moldes, a fin de eliminar el sobrante. Luego los moldes deben colocarse en el congelador y, transcurridos unos minutos, se procede a la decoración. Sólo entonces se unen las dos medias cáscaras, calentando brevemente los bordes en una placa y haciéndolos coincidir. Es facultativa la inclusión de una sorpresa.

Un huevo de chocolate artesanal constituye por sí solo un regalo de clase, sobre todo si está bien decorado. Por cierto, la decoración de los huevos de chocolate, debido a su forma, es más complicada que la de una tarta. No obstante, con un poco de entrenamiento, es posible alcanzar resultados inicialmente dignos y, con el paso del tiempo y el perfeccionamiento que ofrece la experiencia, se consiguen resultados espectaculares.

Son muchos los materiales y técnicas que pueden utilizarse. Además de la típica decoración «a la italiana» (con temas florales de glaseado), es posible realizar espléndidos adornos, tono sobre tono o multicolores, con el uso de chocolate, pasta de almendras o mazapán. Resulta muy efectista la clásica decoración con cuadro central pintado a mano o con aerógrafo y, como marcos, simples acabados con chocolate, o bien el más innovador con aplicación de cintas de azúcar o chocolate. También son interesantes los efectos jaspeados o bicolores, animados por elementos en relieve.

En cuanto a los temas, podemos optar por los clásicos (grecas, cordoncillos, borlas, perfiles de palomas e inscripciones de buen augurio) o los modernos (personajes de cuentos o cómics, animales, juegos de color y formas abstractas).

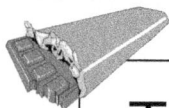

TODO LO QUE ES PRECISO SABER SOBRE EL CHOCOLATE

El carné de identidad

El chocolate contiene almidones, grasas (en forma de manteca de cacao, asimilada por el organismo en un porcentaje de entre el 95 y el 98 %), proteínas (aunque escasas, llegan al 9 % en el chocolate con leche y al 13 % en el chocolate con avellanas, cuyo contenido proteico viene dado por las avellanas torrefactas), agua, teobromina y cafeína.

Además, resulta rico en minerales, es decir, en hierro (2 mg por cada 100 g en el chocolate con avellanas, 3 mg en el chocolate con leche y 5 mg en el negro), calcio (en el chocolate con leche), fósforo (4,55 g por kg de cacao), magnesio (2,93 g por kg de cacao; es la sustancia alimenticia que contiene un mayor porcentaje de este valioso mineral, imprescindible para el desarrollo normal de las funciones celulares), potasio (5,63 g por kg de cacao) y cobre (trazas). Asimismo, contiene, aunque en pequeñas dosis, vitaminas A, PP, B_1 y B_2.

Como hemos dicho, entre los componentes del chocolate se incluye la teobromina, un alcaloide del grupo de las purinas, análogo a la cafeína, aunque no estimula directamente el sistema nervioso. Esta última también está presente, si bien con valores tan escasos que no tiene efectos estimulantes. De todos modos, la acción excitante de la teobromina es mucho más suave que la de la cafeína. En efecto, es necesario tomar al menos cinco tazas de chocolate para obtener el efecto de una sola taza de café.

Los valores nutricionales

El chocolate es uno de los alimentos con mayor poder energético. Por lo tanto, resulta indicado en la alimentación de los niños y los adolescentes, así como de los convalecientes, de los deportistas y de quienes desarrollan una actividad muscular particularmente intensa.

Según los tipos, su potencial calórico varía de forma considerable. El del cacao es de unas 300 calorías, mientras que el del chocolate, en función del porcentaje de manteca de cacao que contiene, oscila en torno a las 500-600 calorías. Dado su alto potencial nutritivo, podría pensarse que la digestión de este alimento resulta especialmente laboriosa. Nada de eso. La duración de permanencia de 200 g de cacao en el estómago se sitúa entre las más bajas: de 1 a 2 horas como máximo.

Las propiedades no nutricionales

La ciencia ha confirmado lo que instintivamente se sabe desde hace siglos: el chocolate y sus derivados poseen propiedades farmacológicas antidepresivas. Por eso, quien tiene un carácter inestable, está carente de fuerza vital o, como suele decirse, agotado busca por instinto este alimento. Y no es por casualidad, dado que el cacao, como en general todas las especias, crece en el ecuador, es decir, donde los rayos solares se reflejan en la naturaleza exuberante con mayor fuerza. Sin embargo, con demasiada frecuencia los «hambrientos» de chocolate, aunque conozcan sus intrínsecas propiedades antidepresivas, son víctimas de grandes sentimientos de culpa, más fuertes cuanto mayor es la atracción hacia la sustancia que, por el contrario, podría aliviar su estado. En definitiva, un auténtico círculo vicioso.

Los psicólogos confirman que la mente humana es atraída y estimulada por todas aquellas formas que sugieren la idea de refugio, hornacina y protección. Formas que dejan intuir un contenido secreto y valioso. No es casual que la rosa, el tulipán y la caracola ejerzan una gran atracción en nosotros, como tampoco lo es que, con frecuencia, el chocolate adquiera precisamente estas formas. Y en realidad algo contiene: una avellana, licor o una guinda. Su color, oscuro y brillante, aumenta su encanto, estimula el irresistible impulso de entrar en la cálida oscuridad y disfrutar de sus «tesoros» ocultos, siguiendo la estela del bonito envoltorio de aluminio con que suele acompañarse el dulce. Así pues, también por estas razones recónditas los bombones son un alimento riquísimo en valores y significados.

Por ello, apoyándonos en la opinión de los médicos y reconfortados por las explicaciones de psicólogos, por fin podemos acercarnos al chocolate sin obstáculos y caer en la voluptuosidad, conscientes de que no sólo no estamos poniendo en peligro la salud de nuestros dientes, nuestra piel y nuestro sistema nervioso, sino que, por el contrario, contribuimos a nuestro equilibrio físico y mental.

Qué dice la ley

En España la legislación permite distinguir los tipos de chocolate.

El artículo cuarto del Decreto describe los tipos de chocolate y dice: «Se denomina chocolate al producto obtenido por la mezcla íntima y homogénea de cantidades variables de cacao descascarillado o pasta de cacao o cacao en polvo y azúcar adicionado o no de manteca de cacao». En función del porcentaje mínimo de sus componentes los chocolates serán de los tipos *popular* (32 % de componentes del cacao, 14 % de cacao seco desgrasado y 18 % de manteca de cacao), *fino* (37 % de componentes del cacao, 14 % de cacao seco desgrasado y 23 % de

CÓMO SE CONSERVA

Como casi todas las cosas de valor, el chocolate es muy sensible a las atenciones que se le dirigen. Las piezas más frágiles, como las trufas o los bombones rellenos, deben consumirse el mismo día de la compra, o lo antes posible.

No obstante, la mayor parte del chocolate puede durar mucho más de lo que suele creerse. Por ejemplo, el chocolate con leche se mantiene de seis a ocho meses, mientras que el negro dura hasta dieciocho o veinticuatro meses, y en ocasiones incluso más. Pero estas cifras valen sólo si el chocolate se conserva correctamente.

Ante todo, si se quiere mantener el chocolate en excelentes condiciones, no hay que conservarlo abierto, sino guardarlo cerrado en un lugar frío, seco y alejado de fuentes de calor o de la luz directa. La temperatura idónea oscila entre los 13 y los 18 °C (nunca debe superar los 21 °C); la humedad relativa debe ser del 50 % (nunca superará el 65 %). Esto significa que si se guarda en un aparador o en un armario, en el interior no debe formarse condensación.

Además, el chocolate nunca debería dejarse cerca de sustancias de olor particularmente fuerte, puesto que, igual que una esponja con los líquidos, tiende a absorber los aromas demasiado agresivos.

Las razones por las que se aconseja mantener bajo control la temperatura guardan relación con un antiestético enemigo del chocolate: la llamada *floridura*. Las grandes variaciones de temperatura, que se producen sobre todo durante los meses de verano, deshacen y vuelven a solidificar la manteca de cacao, lo que provoca la formación de una característica

manteca de cacao) y *extrafino* (42 % de componentes del cacao, 14 % de cacao seco desgrasado y 28 % de manteca de cacao).

A los tipos de chocolate mencionados se les puede incorporar leche o sustancias sólidas procedentes de la leche, desgrasada o no. En función de los porcentajes mínimos se obtiene *chocolate con leche popular* (4 % de cacao seco desgrasado, 6 % de sólidos de la leche, 1,5 % de grasa de la leche y 19,5 % de grasa total), *fino* (4 % de cacao seco desgrasado, 10 % de sólidos de la leche, 2,6 % de grasa de la leche y 23 % de grasa total), *extrafino* (4 % de cacao seco desgrasado, 14 % de sólidos de la leche, 3,5 % de grasa de la leche y 28 % de grasa total) y *desnatado* (4 % de cacao seco desgrasado, 10 % de sólidos de la leche y 18 % de grasa total).

El *chocolate blanco* debe contener al menos un 20 % de manteca de cacao, además de azúcar y leche o sólidos totales de la misma.

La *cobertura de chocolate*, también llamada *revestimiento* o *bloque*, es la mezcla de pasta de cacao y azúcar con o sin adición de manteca de cacao. Es más brillante, suave y lisa que las demás; se usa sobre todo en repostería y cocina, aunque también resulta excelente sola.

película blanquecina o grisácea en la superficie del alimento. Es cierto que el chocolate con una floridura no está estropeado ni resulta nocivo, pero tiene un sabor ligeramente distinto y un aspecto menos atractivo.

Muchos consideran, sin motivo, que la nevera es el mejor lugar para conservar el chocolate después de abrirlo, pero, en general, hace más mal que bien al chocolate, pues la baja temperatura provoca la formación de una invisible pátina de condensación en su superficie. Además, en la nevera el chocolate tiende a absorber todos los olores de la comida que lo rodea. De todos modos, si realmente se quiere conservar en ella, es necesario tomar algunas precauciones, como envolver el chocolate en papel de aluminio, meterlo en una bolsa de plástico y, por último, en un recipiente hermético. Recuerde que si el chocolate ha estado en la nevera debe esperar algún tiempo antes de consumirlo, a fin de que regrese a la temperatura ambiente y esté más blando.

En cualquier caso, existe una alternativa mucho mejor para conservar el chocolate: congelarlo.

De la misma forma, el congelador es también una óptima solución para las cajas de bombones ya abiertas. Sin embargo, también en este caso es necesario envolver cada bombón en papel de aluminio antes de meterlo en el congelador. Hay que acordarse de sacarlos un día antes de servirlos, para que vuelvan a la temperatura ambiente, así como de no desenvolverlos hasta que estén completamente descongelados. Deben servirse de inmediato.

Una última precaución: una vez descongelados, los bombones nunca deben volver a congelarse.

El *chocolate relleno* es un envoltorio de chocolate (al menos el 25 % del peso total) en cuyo interior está presente una masa de licor, fruta, crema, etc.

La *confitería con chocolate* es un interior compuesto por frutas, cremas, licor, etc. envuelto con chocolate, con o sin leche.

La ley prevé, además, porcentajes concretos en lo que respecta a cada producto elaborado a base de chocolate.

PEQUEÑO DICCIONARIO DEL CHOCOLATE

Alpino: bombón histórico, bautizado así en 1922 después de que un productor turinés lo diese a probar a los alpinos atrincherados en un cuartel cercano, que lo acogieron con entusiasmo. La masa de chocolate amargo contiene licor.

Arabelle: praliné con naranjas confitadas, avellana, chocolate con leche y confitura de cereza.

Barbagliata: bebida caliente a base de café, cacao, azúcar y leche, que toma su nombre de Domenico Barbaja, célebre empresario lírico y propietario de un café donde fue bautizada y popularizada esta exquisitez ideada por él.

Beso: bombón elaborado con chocolate y avellanas trituradas, más una avellana entera en la parte superior.

Bóer: bombón formado por una envoltura de chocolate negro rellena de una guinda con licor (*kirsch* o coñac).

Brasileño: praliné de chocolate rallado con café y almendras.

Caracola: bombón de concha finamente modelada que puede encerrar rellenos diversos.

Champiñón: seta de chocolate marrón y blanco, con el sombrero de turrón recubierto de chocolate negro y el pie de chocolate blanco con interior de caramelo.

Chardon bleu: dulce de praliné con cacahuetes tostados recubierto de fino chocolate blanco teñido de azul claro con un colorante natural de arándano.

Crema de trufa: relleno de nata, mantequilla, chocolate y azúcar que sirve como base para las trufas.

Crema fondant: es la base de los rellenos con nata, y se compone de azúcar, glucosa y aromas diversos o extractos. Su color de base es el blanco, aunque puede colorearse con sustancias naturales o artificiales.

Crème fraîche: nata fresca para montar, que se deja fermentar de forma natural. Después de batirla, endulzarla y aromatizarla, se utiliza como relleno para los bombones, sobre todo en Bélgica y Francia.

Dragé: bombón relleno, de forma redonda u ovalada, que gracias a una elaboración especial se presenta particularmente brillante.

Gianduiotto: pastilla a base de cacao, azúcar, vainilla y avellanas tostadas y picadas. Fue creada con ocasión del carnaval de 1865 y debe su nombre a la máscara turinesa de Gianduia.

Grappino: bombón con grappa.

Mozart Kugel: especialidad de Salzburgo, de forma esférica, formada por un corazón de mazapán con pistacho rodeado de crema de avellanas y recubierto de chocolate negro.

Nuez: bombón en el que, sobre una nuez pelada, se modela la cobertura de chocolate, generalmente con leche.

Pieles de naranja: dulce formado por una pielecilla de naranja confitada recubierta de chocolate negro.

Perle d'or: auténtica joya de chocolate envuelta en aluminio dorado, compuesta por una suave crema de trufa encerrada en una cáscara de turrón crujiente recubierta de una capa de chocolate con leche.

Praliné: término con dos significados: el primero, sinónimo del francés *praliné*, indica un bombón de excelente calidad producido con las formas más dispares; el segundo identifica un dulce particular a base de almendras o avellanas finamente molidas y azúcar caramelizado, utilizado también como relleno para bizcochos. El praliné es muy apreciado por quienes tienen debilidad por el sabor a almendra tostada pero no gustan de morder mezclas demasiado duras.

Rocher: bombón en forma de roca en miniatura compuesto por una masa de avellanas tostadas cubiertas de chocolate negro.

Trufa: praliné de chocolate, manteca de cacao, crema de leche y azúcar.

UN DULCE NACIDO POR CASUALIDAD: EL PRALINÉ

Se cuenta que en 1671 el duque francés mariscal Plessis-Praslin, conocido gourmet, estaba esperando el postre después de cenar. Mientras tanto, en la cocina, un pinche torpe había tirado al suelo un cuenco de almendras picadas. Mientras le reprendía, el cocinero echó inadvertidamente azúcar caramelizado hirviendo que acabó precisamente sobre las almendras. Ya se habían perdido todos los ingredientes, por lo que el cocinero desesperado decidió entonces servirle de todos modos aquel insólito dulce al duque. Este apreció muchísimo la nueva combinación de ingredientes hasta el punto de que dio a la nueva exquisitez su propio nombre, *Praslin*.

EL CHOCOLATE «CASERO»

Cómo se trabaja el chocolate

Antes de fundir el chocolate es necesario trocear la tableta con un cuchillo de cocina. Si hace mucho calor, antes de romperlo se puede meter en la nevera, aunque los mejores resultados se obtienen trabajándolo en una habitación fresca y seca.

El chocolate debe fundirse despacio y nunca directamente sobre la llama, pues podría quemarse. Por lo tanto, debe ponerse en un recipiente resistente al calor y fundirse al baño María, dentro de una cacerola con agua en ebullición. Debe removerse hasta que se vuelva suave y todos los grumos se hayan deshecho; después, se le debe dar la vuelta de vez en cuando para que no se enfríe la superficie. El agua del baño María no debe entrar en contacto con el chocolate durante la fusión, porque se formaría una masa dura y difícil de trabajar. El chocolate también puede fundirse en el microondas, en varias fases y a potencia media, removiéndolo cuando empiece a fundirse.

El chocolate fundido puede utilizarse para recubrir avellanas, galletas u otros ingredientes, para obtener una amplia variedad de golosinas. Hay que untar cada trozo, dejar que gotee el chocolate sobrante y poner a secar el dulce sobre una rejilla.

Para crear refinados bombones es necesario pintar con chocolate el fondo y las paredes de unos moldes de papel, volcarlos sobre una rejilla para que se sequen, llenarlos con el relleno preferido y, por último, retirar el papel.

LA MANGA DE PASTELERO

La manga para las decoraciones, así como todos los utensilios para trabajar el chocolate, se vende en grandes almacenes y en los establecimientos de menaje, aunque también puede fabricarse en casa. Para ello, basta con recortar un cuadrado de papel parafinado de 25 cm
de lado y doblarlo por la mitad en diagonal, formando un triángulo. Luego se enrolla sobre sí mismo y se fija en la parte superior, es decir,
la plana, con cinta adhesiva. La punta puede recortarse para obtener un orificio de la anchura deseada.

TRUCOS Y CONSEJOS

Café especial: ¿quiere que el café de siempre sea especial? Disuelva en él una porción de chocolate con leche. Resultará cremoso y aromático, ¡una verdadera delicia!

Chocolate goloso: ¿quiere un chocolate realmente delicioso? Añádale una gota de licor de almendras.

Crema demasiado líquida: ¿su crema de chocolate resulta un poco más líquida de lo que debería? Añádale al final, cuando ya esté lista, una nuez de mantequilla. Se espesará de inmediato.

Pastel con mermelada: para dar un toque adicional al pastel con mermelada de siempre, mezcle la mermelada de cereza o de ciruela con dos cucharadas de chocolate amargo y dos de vino dulce.

Decoraciones: para realizar decoraciones de chocolate, vierta el chocolate fundido en una hoja de papel parafinado, deje que se enfríe ligeramente y luego, mientras aún está blando y moldeable, realice las formas deseadas.

Higos secos: ¿le han sobrado higos secos? Déjelos en remojo 24 horas en un poco de leche ligeramente azucarada, séquelos, sumérjalos luego en chocolate líquido, envuélvalos en papel de estaño y guárdelos en la nevera durante unas horas antes de servirlos.

Fundir el chocolate: antes de fundir el chocolate unte con mantequilla el cazo. Una vez fundido, será más fácil de trasvasar. También puede revestir el recipiente con papel de aluminio, que después quitará.

El toque adicional: cuando prepare un dulce de cuchara a base de chocolate no olvide añadir a la masa una cucharadita de café liofilizado. El dulce ganará no sólo en aroma, sino también en perfume y sabor.

Manzanas rellenas al horno: después de eliminar el corazón, antes de rellenar las manzanas (por ejemplo, con chocolate, mermelada y pasas) ponga en el orificio unos trocitos de bizcocho, que impedirán que se salga el relleno.

Chocolate en polvo: antes de pulverizar el chocolate póngalo en la nevera a fin de que se solidifique bien y no resulte elástico durante la preparación. Luego, sencillamente rállelo con un rallador (como el que se usa para el queso) apoyado en un recipiente. También puede pulverizarlo con un robot eléctrico, aunque en este caso el chocolate debe estar lo bastante blando como para poder cortarlo con un cuchillo. Córtelo en trozos, póngalo en el robot y accione las cuchillas hasta obtener el «troceado» deseado.

Virutas de chocolate: las virutas de chocolate, utilizadas principalmente para decoraciones efectistas, no son difíciles de realizar. Basta con usar chocolate amargo o semiamargo, ablandarlo y dejarlo durante un rato en un ambiente cálido (a unos 27 °C). Si el chocolate está demasiado duro las virutas se rompen. Luego, con un pelapatatas o un cuchillo pequeño, se forma en el pedazo de chocolate una pequeña muesca y, con un movimiento a lo largo sobre la superficie, se corta una rodajita que se transformará en una viruta. Para obtener virutas bien hechas es fundamental trabajar sin movimientos bruscos.

Si falta chocolate: ¿quiere preparar una crema y no tiene chocolate? Sustitúyalo mezclando 60 g de cacao con 5 g de mantequilla.

RECETAS

CREMAS Y DULCES DE CUCHARA

PLÁTANOS FRITOS CON CREMA DE CAFÉ

INGREDIENTES PARA 4 PERSONAS

4 plátanos
no demasiado maduros

250 g de harina

130 g de azúcar

50 g de mantequilla

30 g de cacao azucarado

1 huevo

levadura

fécula

leche

café fuerte

ron

sal

aceite para freír

🕐 TIEMPO DE PREPARACIÓN

50 min

Tamice la harina, échela en un cuenco y mézclela con la levadura, 50 g de azúcar, el cacao y una pizca de sal. A continuación, incorpore el huevo previamente batido, 20 g de mantequilla fundida al baño María y leche suficiente para obtener una pasta no demasiado líquida.

Pele los plátanos y córtelos en cuatro trozos, enharínelos ligeramente y sumérjalos en la pasta.

Caliente abundante aceite en una sartén y fría los trozos de plátano, dándoles la vuelta varias veces de forma que queden uniformemente dorados. Escúrralos sobre una hoja de papel absorbente.

Mientras tanto funda el resto del azúcar a fuego muy lento, removiendo sin cesar. A continuación, añada poco a poco, sin dejar de remover, cuatro tazas de café. Agregue dos cucharadas de fécula disuelta en otra taza de café y amalgame con el compuesto. Prosiga la cocción a fuego lento, dejando que hierva la crema con suavidad hasta que espese bien. Antes de retirarla del fuego, incorpore el resto de la mantequilla y una copita de ron.

Coloque los plátanos fritos en una fuente de servir caliente y acompáñelos con la crema.

BAVAROISE DE CAFÉ

INGREDIENTES PARA 4 PERSONAS

200 g de nata

180 g de chocolate negro

90 g de azúcar

4 dl de leche

2,5 dl de café fuerte

3 huevos

3 hojas de gelatina

1 vaina de vainilla

café en polvo

TIEMPO DE PREPARACIÓN
30 min + 3 h para que se enfríe

Funda al baño María el chocolate troceado con 1,3 dl de café. A continuación, incorpore 60 g de azúcar. Mezcle a fuego lento hasta obtener una salsa suave y homogénea y viértala en una salsera.

Lleve a ebullición la leche con la vainilla. Luego retire esta última y añada el resto del café.

Trabaje las yemas con el resto del azúcar, añada poco a poco la leche caliente, vierta todo en un cazo y póngalo sobre el fuego, sin dejar de remover, hasta obtener un compuesto denso. Añada la gelatina previamente remojada en agua y escurrida, disuélvala y déjela enfriar.

Monte la nata e incorpórela a la crema (reserve una nuez).

Vierta todo en un molde e introdúzcalo en la nevera durante al menos 3 horas.

En el momento de servir desmolde el pastel sobre una fuente, decórelo con la nuez de nata montada, espolvoréelo con café en polvo y sírvalo con la salsa de chocolate.

BAVAROISE DE CHOCOLATE

INGREDIENTES PARA 6 PERSONAS

200 g de nata

200 g de azúcar

100 g de chocolate negro

5 dl de leche

5 huevos

1 sobre de vainillina

4 hojas de gelatina

coñac

TIEMPO DE PREPARACIÓN
35 min + 3 h y 30 min para que se enfríe

Mezcle la leche con medio sobre de vainillina y llévela lentamente a ebullición.

En una cacerola mezcle las yemas con el azúcar y vierta despacio la leche hirviendo. Ponga el recipiente en el fuego y, sin dejar de remover, caliente la crema hasta que empiece a espesar. Añada el chocolate rallado y amalgámelo con la crema. Remoje durante unos minutos las hojas de gelatina, escúrralas e incorpórelas a la crema. Cuézala durante 10 minutos y, a continuación, vierta la crema en un cuenco y deje que se enfríe, removiendo de vez en cuando. Monte la nata e incorpórela a la crema en cuanto esta empiece a espesar, removiendo con delicadeza.

Bañe un molde con una copita de coñac, vierta en él el compuesto y deje que se enfríe en la nevera durante 2 o 3 horas.

En el momento de servir desmolde el pastel en una fuente adecuada.

BONET

INGREDIENTES PARA 6 PERSONAS

200 g de azúcar

150 g de nata

80 g de pastas de almendra

80 g de cacao amargo

5 dl de leche

6 huevos

1 limón

ron

mantequilla

TIEMPO DE PREPARACIÓN
1 h y 20 min + 2 h y 30 min para que se enfríe

En una cacerola lleve a ebullición la leche con la nata.

Bata las yemas con 120 g de azúcar hasta que resulten muy claras y espumosas. A continuación, incorpóreles las pastas de almendra pulverizadas, el cacao, dos cucharadas de ron y la leche caliente con la nata. Por último, añada con delicadeza las claras montadas a punto de nieve.

Caramelice el resto del azúcar con dos cucharadas de agua y unas gotas de zumo de limón. Distribuya cuidadosamente el caramelo por el fondo y las paredes de un molde de budín y luego déjelo enfriar. Vierta el compuesto en el molde, cúbralo con papel de aluminio ligeramente untado con mantequilla y cuézalo al baño María en el horno a 160 °C durante 1 hora.

Acabada la cocción, sáquelo del horno, déjelo enfriar y meta el molde en la nevera durante 2 horas por lo menos. A continuación, desmóldelo en una fuente y sírvalo.

BUDÍN DE MANZANAS Y PASTAS DE ALMENDRA

INGREDIENTES PARA 6 PERSONAS

1 kg de manzanas

200 g de pastas de almendra blandas

3 huevos

1 limón

cacao amargo

pasas de Corinto

miel

café

vino dulce

pan rallado

mantequilla

nata montada para servir

TIEMPO DE PREPARACIÓN
1 h y 30 min + 30 min para la maceración

En un cuenco reúna las pastas desmenuzadas, dos cucharadas de pan rallado, una tacita de café y una copita de vino dulce, y déjelo macerar todo durante media hora, mezclando de vez en cuando.

Transcurrido ese tiempo, añada las manzanas peladas, sin el corazón y ralladas. A continuación, incorpore una cucharada de pasas previamente remojadas, los huevos, una cucharada de cacao, dos cucharadas de miel y la corteza rallada del limón, amalgamando cuidadosamente todos los ingredientes.

Unte de mantequilla un molde, fórrelo con papel para horno, engrase también el papel, espolvoréelo con pan rallado y vierta en él el compuesto. Hornéelo a 180 °C durante 1 hora.

Una vez finalizada la cocción, vuelque el budín sobre una fuente de servir, quítele el papel de horno, espere a que se enfríe por completo, decórelo con nata montada y sírvalo.

BUDÍN DE ARROZ CON ALMENDRAS

INGREDIENTES PARA 6 PERSONAS

300 g de arroz

200 g de chocolate negro

200 g de nata

60 g de almendras peladas

60 g de azúcar

50 g de mantequilla

40 g de pasas de Corinto

1 l de leche

2 limones

coñac

🕐 **TIEMPO DE PREPARACIÓN**
30 min + 3 h para que se enfríe

Ponga la leche, el azúcar y la ralladura de los limones en una cazuela, llévelo todo a ebullición y añada el arroz. Cuézalo removiendo hasta que se absorba toda la leche. Deje enfriar.

Añada la mantequilla troceada, una copita de coñac, las pasas previamente remojadas y las almendras picadas. Mezcle bien e incorpore la nata, después de montarla. Vierta el compuesto en un molde e introdúzcalo en la nevera durante al menos 3 horas.

En el momento de servir vuelque el budín sobre una fuente y recúbralo con el chocolate previamente fundido al baño María con un poco de agua.

ROLLITOS DE CHOCOLATE Y CASTAÑAS

INGREDIENTES PARA 4 PERSONAS

60 g de chocolate negro

50 g de pan de la víspera

40 g de sémola

1,2 dl de leche

4 marrons glacés

2 huevos

1 sobre de azúcar vainillado

1 limón

canela molida

ron

mantequilla

sal

🕐 **TIEMPO DE PREPARACIÓN**
35 min + 1 h para que se enfríe

Lleve a ebullición la leche con 30 g de mantequilla, dos cucharadas de ron, el azúcar vainillado, la ralladura del limón y una pizca de sal. Añada la sémola y cuézalo todo durante 10 minutos. Retire del fuego, añada el pan cortado en cubos, un huevo entero, una yema y el chocolate en escamas, y mezcle bien todos los ingredientes. Deje que se enfríe.

Divida el compuesto en cuatro partes. Coja los *marrons glacés*, recúbralos con la masa para formar cuatro rollitos y cuézalos durante 5 minutos en agua hirviendo un poco salada.

Escúrralos, espolvoréelos con la canela, riéguelos con mantequilla fundida y sírvalos.

CARLOTA DE NARANJAS Y MANDARINAS

INGREDIENTES PARA 6 PERSONAS

250 g de bizcochos

150 g de azúcar glas

40 g de maicena

40 g de pieles de naranja confitadas

4 huevos

2 naranjas

2 mandarinas

1 vaina de vainilla

cacao amargo

ron

TIEMPO DE PREPARACIÓN
40 min + 4 h para que se enfríe

Ralle la piel de las naranjas, recójala en un cazo y añada el zumo de los cítricos y un vaso de agua. Agregue el azúcar glas, mezclando bien, ponga el recipiente en el fuego y lleve a ebullición.

Aparte, mientras tanto, trabaje en un cuenco las yemas con la maicena. Tras obtener una crema homogénea, dilúyala vertiéndole poco a poco el zumo hirviendo. Vuélquelo todo de nuevo en el cazo, añada la vainilla, vuelva a ponerlo en el fuego y deje que espese, lentamente, removiendo sin cesar.

Mientras tanto, forre el fondo y las paredes de un molde de carlota con los bizcochos. Rocíelos con el ron, espolvoréelos con el cacao y eche encima la crema (de la que se habrá eliminado la vainilla). A continuación, forme una última capa de bizcochos y meta el molde en la nevera.

Después de al menos 4 horas vuelque la carlota en el centro de una fuente de servir y decórela con las pieles de naranja confitadas cortadas en tiras.

CARLOTA MALAKOFF

INGREDIENTES PARA 6 PERSONAS

250 g de nata

120 g de mantequilla

120 g de azúcar

70 g de almendras peladas

70 g de nueces

1,5 dl de leche

20 bizcochos

1 huevo

cacao amargo

café soluble

TIEMPO DE PREPARACIÓN
40 min + 2 h para que se enfríe

Pique finas 50 g de nueces y la misma cantidad de almendras. Monte la nata.

Trabaje en un cuenco la mantequilla con el azúcar hasta obtener una mezcla ligera y espumosa. A continuación, añada la picada de almendras y nueces, la yema y cuatro cucharadas de nata. Amalgámelo bien todo.

En un plato hondo disuelva el cacao y una cucharada de café soluble en la leche hirviendo y empape rápidamente los bizcochos. A continuación, colóquelos en una capa en un molde de *plum-cake* forrado con film transparente. Eche encima la mitad del compuesto de nueces y almendras y recubra con otra capa de bizcochos empapados. Forme luego otra capa de crema y termine con una capa de bizcochos. Deje que se enfríe en la nevera durante al menos 2 horas.

En el momento de servir desmolde la carlota en una fuente de servir y decórela con el resto de la nata montada y las nueces y almendras enteras.

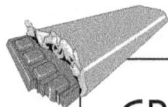

CREMA DE CHOCOLATE BLANCO EN CONCHAS

INGREDIENTES PARA 6 PERSONAS

250 g de nata

150 g de chocolate blanco

2 huevos

1 naranja

1 hoja de gelatina

café fuerte

conchas de chocolate para servir

🕐 **TIEMPO DE PREPARACIÓN**
40 min

Exprima la naranja y corte la piel en tiras. Ponga el chocolate troceado en un cacerola pequeña con el zumo de naranja y media taza de café y fúndalo al baño María. A continuación, añada media hoja de gelatina, previamente remojada y bien escurrida, y mezcle hasta que se funda. Añada las tiras de piel de naranja (reserve algunas) y deje que se enfríe.

Monte la nata y, aparte, las claras a punto de nieve. Incorpore a la crema de chocolate, primero, las yemas, luego, la nata y, por último, las claras, removiendo con delicadeza hasta obtener un compuesto homogéneo. Viértalo en una manga pastelera y échelo en las conchas. A continuación, colóquelas en una fuente de servir, decórelas con las tiras de piel de naranja reservadas y sírvalas.

CREMA FRÍA BICOLOR

INGREDIENTES PARA 6 PERSONAS

200 g de requesón

100 g de chocolate negro

60 g de azúcar

50 g de harina

30 g de cacao amargo

4 dl de leche

1 huevo

menta

🕐 **TIEMPO DE PREPARACIÓN**
20 min + 3 h para que se enfríe

Tamice la harina en un cuenco y eche en el centro el huevo, el azúcar (reserve una cucharada) y el cacao. Mezcle bien, añada la leche poco a poco, trasváselo todo a un cazo y llévelo a ebullición a fuego moderado. Retire y deje que se enfríe un poco.

Mientras tanto, amalgame el requesón con el resto del azúcar y el chocolate troceado.

En un cuenco transparente vierta dos capas de crema de huevos y de mezcla de requesón de forma alternada. Meta en la nevera durante 3 horas.

Sirva después de decorar la crema con unas hojitas de menta.

CREMA PERUANA

INGREDIENTES PARA 4 PERSONAS

100 g de chocolate negro

50 g de azúcar

5 dl de leche

5 huevos

1 vaina de vainilla

fécula (o maicena)

café soluble

TIEMPO DE PREPARACIÓN
25 min + 2 h para que se enfríe

Hierva la leche con la vainilla y el chocolate troceado, removiendo de vez en cuando.

Mientras tanto, prepare un caramelo dorado cociendo el azúcar con dos cucharadas de agua. Luego añada tres cucharadas de agua caliente para obtener un almíbar denso.

En un cuenco mezcle las yemas con una cucharadita de fécula (o de maicena) y otra de café. A continuación, incorpore poco a poco el almíbar y la leche con el chocolate, después de retirar la vainilla. Póngalo en el fuego y, en cuanto empiece a hervir, apáguelo y siga removiendo, hasta que espese la crema.

Viértala en cuatro copas y guárdela en la nevera hasta el momento de servir.

DULCE DE CHOCOLATE BLANCO

INGREDIENTES PARA 6 PERSONAS

500 g de nata

400 g de chocolate blanco

60 g de azúcar

3 huevos

3 hojas de gelatina

virutas de chocolate blanco y de chocolate con leche

TIEMPO DE PREPARACIÓN
40 min + 3 h para que se enfríe

Ponga el azúcar en un cazo con medio vaso de agua y las hojas de gelatina previamente remojadas en agua y bien escurridas, disuélvalas a fuego lento, removiendo sin cesar.

Añada el chocolate troceado y fúndalo.

Retire del fuego, deje que se enfríe un poco e incorpore las yemas y la nata ligeramente montada.

Vierta el compuesto en un molde redondo forrado con film transparente e introdúzcalo en la nevera durante 3 horas.

Antes de servirlo, desmolde el dulce en una fuente y decórelo con virutas de chocolate.

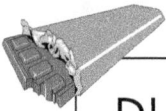

DULCE DE MELOCOTONES Y PASTAS DE ALMENDRA

INGREDIENTES PARA 6 PERSONAS

800 g de melocotones en almíbar

300 g de pastas de almendra

150 g de azúcar

40 g de cacao amargo

4 huevos

pan rallado

azúcar glas

mantequilla

TIEMPO DE PREPARACIÓN
45 min + 30 min
para que repose la masa

Bata los melocotones y vuélquelos en un cuenco. Añada el cacao, el azúcar, los huevos y las pastas de almendra desmigadas, y amalgame todos los ingredientes cuidadosamente.

Engrase con mantequilla una fuente de horno, espolvoréela con pan rallado, vierta en ella el compuesto preparado e introdúzcala en el horno precalentado a 180 °C durante media hora.

Acabada la cocción, deje que el dulce repose durante media hora, espolvoree el azúcar glas y sírvalo en el recipiente de cocción.

DULCE FLORENCIA

INGREDIENTES PARA 4 PERSONAS

80 g de azúcar

60 g de pan

40 g de cacao azucarado

40 g de pasas

5 dl de leche

3 huevos

1 limón

mantequilla

TIEMPO DE PREPARACIÓN
40 min

Corte el pan en rebanadas finas, tuéstelas un poco, úntelas con mantequilla por ambos lados mientras están calientes y colóquelas en un recipiente cóncavo y adecuado para servir.

Sobre las rebanadas reparta las pasas remojadas y escurridas y la ralladura del limón.

Bata los huevos, el azúcar, el cacao y la leche y échelo todo en el recipiente sobre los demás ingredientes. A continuación, hornee el dulce a 180 °C durante un cuarto de hora con el recipiente tapado. Sírvalo caliente.

DULCE GRENOBLE

INGREDIENTES PARA 4 PERSONAS

750 g de nata

250 g de nueces

140 g de azúcar

90 g de chocolate negro

60 g de avellanas

5 huevos

huevos pequeños de chocolate

TIEMPO DE PREPARACIÓN
2 h

Trocee el chocolate y fúndalo al baño María. A continuación, incorpore cuatro yemas batidas, el azúcar, las nueces y las avellanas picadas.

Monte las cinco claras a punto de nieve y agréguelas al compuesto. Añada también delicadamente 500 g de nata.

Vuélquelo todo en un molde redondo y cuézalo al baño María en el horno a 150 °C durante una hora y media.

Deje que se enfríe, desmolde el dulce en una fuente de servir y decórelo con el resto de la nata montada y los huevos de chocolate.

DULCE LIGERO DE CHOCOLATE

INGREDIENTES PARA 6 PERSONAS

120 g de chocolate negro

100 g de azúcar glas

60 g de almendras peladas

4 huevos

mantequilla

crema inglesa o nata montada
para servir

TIEMPO DE PREPARACIÓN
2 h

Trocee el chocolate y fúndalo al baño María.

Trabaje las yemas con el azúcar hasta obtener un compuesto blanco y espumoso. A continuación, incorpórele el chocolate y las almendras pulverizadas, removiendo cuidadosamente.

Monte las claras a punto de nieve, añádalas con delicadeza al compuesto y vuélquelo todo en un molde cónico sin agujero central bien engrasado con mantequilla. Hornéelo a 200 °C unos 10 minutos, luego baje la temperatura a 160 °C y prosiga la cocción durante 50 minutos más.

Deje que se enfríe el dulce, desmóldelo en una fuente y sírvalo con crema inglesa o nata montada.

LA CREMA INGLESA

Ingredientes: 350 g de azúcar, 7,5 dl de leche, 10 huevos, 1 vaina de vainilla

Trabaje durante largo rato las yemas con el azúcar, hasta obtener una crema clara y espumosa.
Hierva la leche con la vainilla, retire la vaina y vierta la leche poco a poco sobre el compuesto de huevos, removiendo sin cesar.
Vuélquelo todo en un cazo de cobre, a ser posible de fondo cóncavo, y cueza la crema a fuego muy lento, removiendo continuamente hasta que espese, sin dejar que hierva nunca.
Deje que se enfríe un poco sin dejar de remover con una espátula de madera.

DULZURA DE CACAO

INGREDIENTES PARA 4 PERSONAS

30 g de maicena

30 g de almendras molidas

30 g de azúcar glas

5 dl de leche

cacao amargo

galletas de almendra
para servir

TIEMPO DE PREPARACIÓN
20 min + 2 h para que se
enfríe

Pase una cacerola bajo el grifo del agua fría y no la seque. Vierta en ella el azúcar y la maicena, mezcle, añada una cucharada de cacao y, de forma progresiva, la leche, sin dejar de remover.

Ponga la cacerola en el fuego y lleve a ebullición. Añada las almendras y prosiga la cocción durante 1 minuto. A continuación, vierta la mezcla en un cuenco grande e introdúzcalo en la nevera durante al menos 2 horas.

Sirva el dulce con galletas de almendra.

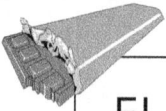

FLAN DE CACAO

INGREDIENTES PARA 6 PERSONAS

150 g de cacao amargo

100 g de azúcar

80 g de fécula (o maicena)

1 l de leche

almendras fileteadas,
guindas confitadas
y nata montada para servir

TIEMPO DE PREPARACIÓN
15 min + 3 h para que se
enfríe

En una cacerola mezcle el cacao con el azúcar y la fécula (o la maicena). Añádale la leche, póngalo en el fuego y llévelo a ebullición, removiendo sin cesar.

Vierta la mezcla en un molde y déjela enfriar. A continuación, guárdela en la nevera durante 3 horas.

En el momento de servir desmolde el flan en una fuente y decórelo con almendras fileteadas, guindas confitadas y nata montada.

FLAN CON SALSA DE CHOCOLATE BLANCO

INGREDIENTES PARA 6 PERSONAS

300 g de chocolate blanco

250 g de nata

150 g de azúcar

100 g de chocolate negro

100 g de mantequilla

50 g de harina

2,5 dl de leche

5 huevos

TIEMPO DE PREPARACIÓN
1 h

Funda al baño María la mantequilla junto con el chocolate negro troceado, removiendo con delicadeza. Conserve la mezcla en un lugar cálido.

En un cuenco bata bien tres huevos y dos yemas. A continuación, añada la harina y el azúcar y siga mezclando hasta obtener un compuesto voluminoso y bien amalgamado.

Añada con delicadeza, sin dejar de remover, la mezcla de chocolate y mantequilla.

Divida el preparado en seis moldes de aluminio de 7 cm de diámetro y 6 de profundidad, engrasados con mantequilla y espolvoreados con harina, y hornéelos a 200 °C durante un cuarto de hora.

Mientras tanto, lleve a ebullición la leche y la nata. Hierva durante 2 minutos y luego vierta la mezcla sobre el chocolate blanco, que habrá troceado en un cuenco, tápelo, espere unos minutos y mézclelo todo bien hasta que el chocolate se disuelva por completo.

Desmolde los flanes, vuélquelos en platos individuales, cúbralos con la salsa de chocolate blanco y sírvalos.

FONDUE DE CHOCOLATE

INGREDIENTES PARA 6 PERSONAS

150 g de chocolate con leche

150 g de chocolate negro

150 g de nata

6 fresas grandes

2 kiwis

1 piña pequeña

licor de almendras amargas

🕐 TIEMPO DE PREPARACIÓN
20 min

Lave las fresas y córtelas por la mitad. Pele los kiwis y córtelos en doce medias lunas. Limpie la piña y córtela en doce partes. Con los trozos de fruta forme doce brochetas que debe colocar, de dos en dos, en seis platos de postre individuales.

Trocee el chocolate. Eche la nata y el chocolate en la cazuela especial para *fondue* y póngala a fuego muy lento, removiendo sin cesar hasta que el chocolate se haya fundido y la mezcla resulte bien fluida y lisa. Por último, añada tres cucharadas de licor.

Coloque la cazuelita sobre el quemador en el centro de la mesa, para que cada comensal unte en ella las brochetas de fruta.

FRESAS RECUBIERTAS DE CHOCOLATE

INGREDIENTES PARA 4 PERSONAS

500 g de fresas

250 g de chocolate
de cobertura

mantequilla

leche

🕐 TIEMPO DE PREPARACIÓN
30 min

Lave rápidamente las fresas, de forma que no se empapen de agua, y séquelas bien.

Trocee el chocolate y fúndalo al baño María con una cucharada de leche. Cuando se haya fundido incorpore una nuez de mantequilla. A continuación, recubra las fresas hasta la mitad.

Séquelas sobre una hoja de papel parafinado o una rejilla, trasládelas a la fuente y sírvalas.

HELADO DE CHOCOLATE CON LECHE

INGREDIENTES PARA 6 PERSONAS

300 g de nata

100 g de chocolate con leche

100 g de azúcar glas

4 huevos

1 café solo

🕐 TIEMPO DE PREPARACIÓN
30 min + 2 h para que se
enfríe

Disuelva el azúcar en 1 l de agua, a fuego lento. Retire del fuego, añada el chocolate troceado y fúndalo, mezclando bien. En un cuenco trabaje con el batidor de varillas las yemas y, sin dejar de batir, añada poco a poco la mezcla de chocolate. A continuación, incorpore una cucharada de café.

Trasládelo todo a una cacerola y espéselo al baño María. Deje que se enfríe.

Monte la nata, incorpórela al preparado y vuélquelo todo en la heladera.

43

HELADO DE CHOCOLATE NEGRO

INGREDIENTES PARA 6 PERSONAS

100 g de chocolate negro

100 g de azúcar

1 l de leche

6 huevos

TIEMPO DE PREPARACIÓN
20 min + 2 h para que se enfríe

Trabaje con el batidor de varillas las yemas con el azúcar hasta obtener un compuesto blanco y espumoso.

Trocee el chocolate y fúndalo en la leche, llevándolo a ebullición. A continuación, retírelo del fuego y añada gradualmente el compuesto de huevos y azúcar, batiendo sin cesar. Vuélvalo a poner en el fuego y deje que espese, sin llegar a hervir.

Déjelo enfriar y traslade el preparado a la heladera.

LATTAIOLO

INGREDIENTES PARA 4 PERSONAS

40 g de harina

30 g de azúcar

5 dl de leche desnatada

2 huevos

1 limón

cacao amargo

nuez moscada

azúcar glas

mantequilla

TIEMPO DE PREPARACIÓN
10 min

Bata los huevos con el azúcar, una cucharadita de cacao, otra de ralladura de limón, la harina y un poco de nuez moscada rallada. Incorpore la leche muy lentamente.

Unte con mantequilla un molde, vierta dentro el compuesto y hornéelo a 150 °C durante media hora.

Saque el dulce del horno, déjelo reposar durante unos minutos, espolvoréelo con azúcar glas y sírvalo.

CONSEJO ÚTIL

Este dulce puede conservarse durante un par de días en la nevera, en un recipiente de cierre hermético.
Llévelo a temperatura ambiente antes de servirlo.

44

MARQUESA DE CACAO

INGREDIENTES PARA **6** PERSONAS

200 g de mantequilla

150 g de azúcar glas

80 g de cacao amargo

4 huevos

1 sobre de azúcar vainillado

sal

crema inglesa o nata
montada para servir

TIEMPO DE PREPARACIÓN
25 min + 3 h para que se
enfríe

Eche en una cacerola el cacao y 1 dl de agua y llévelo suavemente a ebullición, removiendo. Retírelo del fuego y añádale los dos tipos de azúcar.

Trabaje cuidadosamente la mezcla, añada la mantequilla ablandada y troceada y, a continuación, una por una, las yemas, amalgamándolo todo bien. Monte las claras a punto de nieve con una pizca de sal e incorpórelas delicadamente al preparado. Vierta la masa en un molde cónico engrasado (sin agujero central) e introdúzcalo en el congelador durante unas horas. Antes de servir sumerja rápidamente el molde en agua caliente y desmolde en una fuente. Sirva el dulce con crema inglesa o nata ligeramente montada.

LA CREMA PASTELERA

Ingredientes: 200 g de azúcar, 5 dl de leche, 5 huevos, harina

En un cuenco bata cuatro yemas y un huevo entero con el azúcar. Añada una cucharada de harina tamizada. En una cacerola lleve a ebullición la leche y agréguela a los huevos. Trasváselo todo a una cazuela plana y póngala sobre el fuego 2 o 3 minutos, sin dejar de remover. En cuanto la crema espese un poco, apague el fuego. Para obtener una crema con aroma de vainilla añada al final un sobre de vainillina o bien ponga en remojo una vaina de vainilla en la leche antes de preparar la receta.

MARQUESA DE CHOCOLATE

INGREDIENTES PARA **6** PERSONAS

250 g de chocolate
de cobertura

170 g de mantequilla

100 g de azúcar glas

4 huevos

1 café fuerte

crema pastelera de vainilla
o nata montada para servir

sal

TIEMPO DE PREPARACIÓN
25 min + 3 h para que se
enfríe

Funda el chocolate al baño María con una cucharada de café. Retire del fuego, trabaje cuidadosamente la mezcla y añada la mantequilla ablandada y troceada y el azúcar. Por último, incorpore las yemas una por una, amalgamándolo todo bien.

Monte las claras a punto de nieve con una pizca de sal y agréguelas delicadamente al compuesto.

Vierta la masa en un molde cónico sin agujero central untado con mantequilla e introdúzcalo en el congelador durante unas horas.

Antes de servir sumerja rápidamente el molde en agua caliente y desmolde en una fuente. Sirva el dulce con crema pastelera de vainilla o nata ligeramente montada.

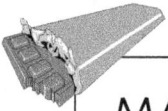

MANZANAS A LA CREMA

INGREDIENTES PARA 6 PERSONAS

6 manzanas Granny Smith

170 g de azúcar

150 g de chocolate negro

40 g de harina

5 dl de leche

4 huevos

1 limón

1 rama de canela

vino blanco seco

sal

lenguas de gato para servir

TIEMPO DE PREPARACIÓN

1 hora + 2 h para que se enfríe

Caliente la leche y aromatícela con unos trocitos de corteza de limón.

En un cuenco bata las yemas con 100 g de azúcar durante 10 minutos y luego incorpóreles la harina, una pizca de sal y la leche caliente. Cueza la crema a fuego moderado, sin dejar de remover, déjela hervir durante unos minutos y retírela del fuego. Pele las manzanas sin desprender el peciolo, iguale la base para que queden derechas y quíteles el corazón.

Colóquelas en una cacerola en la que quepan de pie, una junto a otra, añada una taza de agua, 2 dl de vino, una cucharadita de zumo de limón, unos trocitos de corteza y un pedacito de canela. Por último, espolvoréelas con el resto del azúcar. Hornéelas a 200 °C y cuézalas durante 1 hora aproximadamente, hasta que queden tiernas.

A continuación, dispóngalas, siempre derechas, en una copa de macedonia; filtre el fondo de cocción, incorpórelo a la crema preparada y vuélquelo todo sobre las manzanas. Ralle el chocolate sobre la crema aún caliente, cubra el dulce con papel de aluminio o film transparente e introdúzcalo en la nevera durante 2 horas.

Sirva las manzanas acompañadas con lenguas de gato.

MANZANAS RELLENAS

INGREDIENTES PARA 4 PERSONAS

4 manzanas Stark

150 g de requesón

40 g de pasas de Corinto

40 g de nueces

30 g de chocolate negro

10 pastas de almendra

coñac

TIEMPO DE PREPARACIÓN

15 min + 30 min para que se enfríe

Lave y seque las manzanas, elimine el corazón y vacíelas por dentro sin romper la piel, reservando la parte superior. Corte la pulpa en pedacitos y póngala en un cuenco. Añada el requesón, las pastas desmenuzadas, las pasas previamente remojadas en una copita de coñac, el chocolate en escamas y las nueces troceadas. Mezcle bien amalgamando todos los ingredientes. Rellene las manzanas con la mezcla y ciérrelas con la parte superior.

Guárdelas en la nevera hasta el momento de servir.

MORO EN CAMISA

INGREDIENTES PARA 6 PERSONAS

500 g de nata

200 g de mantequilla

200 g de chocolate negro

120 g de azúcar

2,5 dl de leche

4 huevos

extracto de vainilla

aceite de oliva virgen extra

sal

🕐 **TIEMPO DE PREPARACIÓN**
30 min + 12 h para que
se enfríe

Trocee el chocolate y fúndalo a fuego muy lento.

Trabaje la mantequilla ablandada con 75 g de azúcar, incorpore las yemas una por una. Mezcle bien y añada el chocolate fundido, amalgamándolo todo con cuidado.

Monte las claras a punto de nieve con una pizca de sal e incorpórelas al compuesto.

Unte con el aceite un molde cónico sin agujero central y vierta el compuesto. A continuación, introdúzcalo en la nevera hasta el día siguiente.

Unas horas antes de servirlo, monte la nata junto con la leche muy fría, el resto del azúcar y unas gotas de extracto de vainilla. Desmolde el dulce en una fuente de servir y recúbralo por completo de nata montada. Vuelva a meterlo en la nevera durante 1 hora y luego sírvalo.

MOUSSE DE CACAO

INGREDIENTES PARA 6 PERSONAS

200 g de cacao amargo

120 g de azúcar

100 g de nata

60 g de mantequilla

4 huevos

1 sobre de azúcar
vainillado

🕐 **TIEMPO DE PREPARACIÓN**
20 min + 2 h para que se
enfríe

Ponga la mantequilla y 1 dl de agua en una cacerola de fondo grueso y fúndala a fuego lento. A continuación, añada el cacao, mezclando cuidadosamente, e incorpore, fuera del fuego, la nata.

En un cuenco bata las yemas con los dos tipos de azúcar hasta obtener una crema blanca y espumosa. Mezcle los dos compuestos, amalgamándolos bien. A continuación, monte las claras a punto de nieve e incorpórelas delicadamente al preparado.

Vierta la *mousse* en copas individuales o en un cuenco grande y déjela enfriar un par de horas en la nevera antes de servirla.

MOUSSE DE CHOCOLATE

INGREDIENTES PARA 6 PERSONAS

200 g de chocolate de cobertura

70 g de mantequilla

70 g de azúcar

6 huevos

leche

TIEMPO DE PREPARACIÓN

20 min + 2 h para que se enfríe

Funda el chocolate al baño María con dos cucharadas de leche o de agua. Cuando esté liso y cremoso, retírelo del fuego y añada las yemas, una por una, y luego la mantequilla troceada y el azúcar, mezclando bien. Monte las claras a punto de nieve e incorpórelas cuidadosamente al compuesto anteriormente preparado.

Vierta la *mousse* en copas individuales o en un cuenco grande y déjela enfriar un par de horas en la nevera antes de servirla.

ESE TOQUE ADICIONAL

La *mousse* de chocolate puede aromatizarse con una cucharadita de café soluble o un poco de ralladura de naranja.

MOUSSE DE CHOCOLATE BLANCO

INGREDIENTES PARA 6 PERSONAS

100 g de chocolate blanco

3 huevos

1 sobre de azúcar vainillado

nata

TIEMPO DE PREPARACIÓN

20 min + 2 h para que se enfríe

Trocee el chocolate y fúndalo al baño María con una cucharada de agua. Cuando esté liso y cremoso, retírelo del fuego y deje que se enfríe un poco. Añada luego el azúcar y, una por una, las yemas, mezclando cuidadosamente.

Monte las claras a punto de nieve, incorpore tres cucharadas abundantes de nata montada y añádalo todo a la mezcla de chocolate, removiendo con delicadeza para no desmontarla.

Vierta la *mousse* en copas individuales o en un cuenco grande y déjela enfriar un par de horas en la nevera antes de servirla.

ESE TOQUE ADICIONAL

Esta *mousse* puede enriquecerse con un poco de coco rallado.

MOUSSE DE CHOCOLATE Y NATA

INGREDIENTES PARA 4 PERSONAS

500 g de nata

120 g de chocolate negro

120 g de azúcar glas

leche

TIEMPO DE PREPARACIÓN

20 min + 2 h para que se enfríe

Trocee el chocolate y fúndalo al baño María con dos cucharadas de leche o agua. Cuando esté liso y cremoso, retírelo del fuego y añada el azúcar, mezclando bien.

Monte la nata bien densa e incorpore poco a poco, removiendo sin cesar, el chocolate, a fin de obtener una crema ligera y espumosa.

Vierta la *mousse* en copas individuales o en un cuenco grande y déjela enfriar un par de horas en la nevera antes de servirla.

MOUSSE BLANCA CON SALSA DE KIWI

INGREDIENTES PARA 6 PERSONAS

1 kg de nata

400 g de kiwis

250 g de chocolate blanco

150 g de queso de cabra fresco

150 g de azúcar

3 hojas de gelatina

1 vaina de vainilla

TIEMPO DE PREPARACIÓN

1 hora y 40 min + 3 h para que se enfríe

Pele los kiwis y trocéelos, eliminando las partes fibrosas.

Póngalos en una cacerola y cuézalos a fuego lento durante un cuarto de hora. A continuación, tamícelos de forma que caigan en la cacerola, añada el azúcar y prosiga la cocción durante 1 hora, hasta obtener una salsa de consistencia gelatinosa. Deje enfriar y reserve.

Lleve a ebullición la mitad de la nata con la vainilla, añada el chocolate troceado y fúndalo. Retírelo del fuego, elimine la vainilla y añada las hojas de gelatina previamente remojadas en agua fría. A continuación, agregue el queso, mezclando bien. Deje que se enfríe.

Monte el resto de la nata, incorpórela delicadamente a la mezcla de chocolate y viértalo todo en seis moldes. Deje que se enfríen durante unas horas en la nevera.

En el momento de servir desmolde las *mousses* en platos individuales de postre y báñelas con la salsa de kiwi.

CONSEJO ÚTIL

Si prefiere un sabor aún más delicado, sustituya el queso de cabra por un queso de tipo Philadelphia o por requesón bien firme.

MOUSSE DE CHOCOLATE CON MENTA

INGREDIENTES PARA 6 PERSONAS

250 g de chocolate
de cobertura

200 g de azúcar

8 huevos

1 naranja

hojas de menta

licor de menta

TIEMPO DE PREPARACIÓN
20 min + 2 h para que se
enfríe

En un cuenco bata las yemas con el azúcar y una cucharadita de ralladura de naranja hasta obtener una crema blanca y espumosa.

Funda el chocolate al baño María, o a fuego muy lento, y cuando esté liso y cremoso incorpore, fuera del fuego y poco a poco, la crema de huevos y unas gotas de licor de menta, mezclando bien.

Monte las claras a punto de nieve e incorpórelas delicadamente al compuesto.

Vierta la *mousse* en copas individuales o en un cuenco grande y déjela enfriar un par de horas en la nevera antes de servirla decorada con hojas de menta.

MOUSSE DE CHOCOLATE CON NARANJA

INGREDIENTES PARA 6 PERSONAS

250 g de chocolate negro

120 g de azúcar

50 g de mantequilla

4 huevos

1 naranja

Cointreau

pastas de hojaldre para servir

TIEMPO DE PREPARACIÓN
20 min + 2 h para que se
enfríe

En un cuenco bata tres yemas con el azúcar hasta obtener un compuesto suave y espumoso.

Trocee el chocolate y fúndalo al baño María. Fuera del fuego añada la mantequilla, previamente ablandada, amalgame un poco y luego vierta la mezcla sobre las yemas. Mezcle cuidadosamente e incorpore con delicadeza las cuatro claras montadas a punto de nieve, una cucharadita de licor y la mitad de la ralladura de naranja.

Distribuya el preparado en seis copas individuales, espolvoree con el resto de la ralladura y deje enfriar en la nevera durante al menos 2 horas.

En el momento de servir adorne cada copa con una pasta de hojaldre.

MOUSSE DE CHOCOLATE CON COULIS DE FRESAS

INGREDIENTES PARA 6 PERSONAS

200 g de fresas

150 g de chocolate negro

3 huevos

1 naranja

leche desnatada

TIEMPO DE PREPARACIÓN

30 min + 3 h para que se enfríe

Trocee el chocolate y fúndalo al baño María con una cucharada de leche y la ralladura de media naranja. Deje que se enfríe y, antes de que el chocolate se solidifique, incorpore una yema.

Monte las claras a punto de nieve y añádalas poco a poco a la crema de chocolate, a fin de obtener un compuesto voluminoso y espumoso.

Vierta la *mousse* en seis copas individuales e introdúzcalas en la nevera durante 3 horas.

En el momento de servir lave rápidamente las fresas, bátalas y tamícelas. Sirva la *mousse* con el *coulis* de fresas.

MOUSSE DE PERAS Y CASTAÑAS

INGREDIENTES PARA 4 PERSONAS

250 g de queso
tipo Philadelphia

150 g de mermelada
de castañas

30 g de cacao amargo

5 castañas en almíbar

2 huevos

1 limón

1 pera

azúcar

TIEMPO DE PREPARACIÓN

20 min + 2 h para que se enfríe

Pele la pera, córtela en trozos y bátala. A continuación, añada la ralladura del limón.

Tamice en un cuenco 200 g de queso e incorpore el cacao, dos cucharadas de azúcar y la fruta batida. A continuación, añada las claras montadas a punto de nieve y, con delicadeza, la mermelada.

Forre con una gasa un molde redondo y vierta el compuesto. Nivele la superficie e introdúzcalo en la nevera durante 2 horas.

En el momento de servir desmolde la *mousse* en una fuente y decórela con trocitos de queso, previamente mezclados con una cucharada de azúcar. Ponga sobre cada trocito las castañas en almíbar y sírvalo.

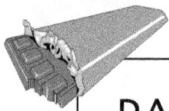

PAN DE CHOCOLATE

INGREDIENTES PARA 10 PERSONAS

250 g de chocolate negro

120 g de azúcar

5 dl de leche

6 huevos

1 vaina de vainilla

1 hoja de gelatina

aceite de oliva virgen extra

crema inglesa o nata
montada para servir

TIEMPO DE PREPARACIÓN
1 hora y 40 min + 12 h para
que se enfríe

Cueza durante 1 hora el chocolate troceado con la vainilla, medio litro de agua y el azúcar, dejando que se reduzca y espese.

Añada la leche hirviendo y prosiga la cocción durante 20 minutos más. A continuación, retire del fuego y deje que se enfríe un poco.

Incorpore las yemas de una en una y disuelva la gelatina, mezclando cuidadosamente.

Vierta todo en un molde untado con aceite y guárdelo en la nevera durante una noche.

Sirva el pan con crema inglesa o nata montada.

PERAS AL VINO CON *MOUSSE* DE CACAO

INGREDIENTES PARA 4 PERSONAS

4 peras pequeñas y firmes

320 g de azúcar

200 g de nata

1 botella de vino tinto

2 dl de leche

4 huevos

2 hojas de gelatina

1 rama de canela

cacao amargo

TIEMPO DE PREPARACIÓN
1 hora y 15 min + 2 h para
que se enfríe

Sin quitarles el rabito, pele las peras y elimine los corazones.

En una cacerola lleve a ebullición el vino con media rama de canela y 150 g de azúcar. A continuación, coloque las peras y deje que hierva despacio durante media hora.

Mientras tanto, bata las yemas en otra cacerola con el resto del azúcar, añada la leche caliente y cueza sin permitir que hierva y sin dejar de remover. Añada media cucharada de cacao y las hojas de gelatina previamente remojadas en agua fría. Retire del fuego, deje que se enfríe y antes de que cuaje la mezcla incorpore la nata montada.

Distribuya la *mousse* en cuatro moldes individuales e introdúzcala en la nevera durante al menos 2 horas.

Practique una incisión vertical en las peras, ábralas en forma de abanico disponiéndolas en platos individuales, báñelas con el vino en el que se han cocido y sírvalas con la *mousse* de cacao.

PERAS CON CHOCOLATE

INGREDIENTES PARA 4 PERSONAS

4 peras bastante firmes

250 g de chocolate
de cobertura

100 g de azúcar

80 g de pastas de almendra

piel de naranja confitada

coñac

vino blanco seco

🕐 **TIEMPO DE PREPARACIÓN**
20 min + 1 h y 30 min para
que se enfríe

Pele las peras, quíteles el corazón, corte una rodajita en la base para que puedan permanecer derechas y rellénelas con las pastas de almendra desmigadas. A continuación, colóquelas en una fuente para horno, báñelas con un vaso de vino, espolvoréelas con el azúcar y hornéelas durante unos minutos a 180 °C.

Sáquelas del horno, póngalas a escurrir sobre una rejilla y deje que se enfríen.

Funda al baño María el chocolate troceado con una copita de coñac y viértalo sobre las peras hasta recubrirlas por completo. Deje que se enfríen en la nevera.

En el momento de servir coloque las peras derechas en una fuente y decórelas con hojitas hechas con la piel de naranja confitada.

MELOCOTONES CONDÉ

INGREDIENTES PARA 4 PERSONAS

6 melocotones

200 g de azúcar

100 g de arroz

50 g de cacao amargo

30 g de mantequilla

5 dl de leche

8 guindas confitadas

1 sobre de vainillina

Kirsch o licor de cereza

🕐 **TIEMPO DE PREPARACIÓN**
1 h

Lleve a ebullición la leche, retírela del fuego y añádale 50 g de azúcar, el cacao y una pizca de vainillina. Vuelva a ponerla en el fuego, mezcle para disolver bien el azúcar y el cacao, incorpore el arroz y la mantequilla y cueza durante media hora, sin remover.

Prepare un almíbar disolviendo el resto del azúcar en 3 dl de agua. En cuanto empiece a hervir, sumerja los melocotones cortados por la mitad, pelados y lavados, y escáldelos durante unos minutos. A continuación, retire ocho mitades y cueza las demás hasta que queden reducidas a papilla.

En una fuente de servir forme una capa de arroz, disponga encima las ocho mitades de melocotón y decore cada una con una guinda confitada.

Reduzca a fuego fuerte el almíbar de azúcar y melocotón, tamícelo, incorpore dos copas de *kirsch*, viértalo sobre los melocotones y sirva.

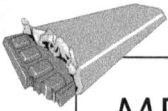

MELOCOTONES RELLENOS

INGREDIENTES PARA 4 PERSONAS

5 melocotones amarillos

40 g de azúcar moreno

30 g de cacao amargo

4 pastas de almendra

2 huevos

mantequilla

TIEMPO DE PREPARACIÓN
1 h y 15 min

Lave cuatro melocotones, pártalos por la mitad sin pelarlos y elimine los huesos.

Quite un poco de pulpa del centro y póngala en un cuenco, añada toda la pulpa del melocotón restante, el azúcar, las pastas desmigadas, las yemas y el cacao. Mezcle y rellene con el compuesto los medios melocotones. Termine con una nuez de mantequilla.

Unte con mantequilla una fuente de horno, coloque los melocotones y hornéelos a 160 °C durante 1 hora. Sírvalos calientes o templados.

POMELOS AL HORNO

INGREDIENTES PARA 4 PERSONAS

2 pomelos

150 g de harina

150 g de azúcar

50 g de mantequilla

50 g de chocolate negro

4 huevos

4 guindas confitadas

TIEMPO DE PREPARACIÓN
50 min

Corte por la mitad los pomelos en sentido horizontal y quíteles la pulpa, procurando no estropear la piel. A continuación, escúrrala bien y recoja el jugo.

En un cazo funda la mantequilla y luego, fuera del fuego, añada la harina, removiendo. Tras obtener una pasta pegajosa, incorpore el zumo de pomelo y siga mezclando. Cuando la mezcla resulte homogénea, agregue los huevos, el azúcar y el chocolate en escamas. Vierta la mezcla en los cuatro medios pomelos vacíos y hornéelos a 190 °C durante media hora. A continuación, deje que se enfríen un poco en el horno.

En el momento de servir decore cada medio pomelo con una guinda confitada.

BRAZO DE CHOCOLATE Y *MARRON GLACÉ*

INGREDIENTES PARA 6 PERSONAS

400 g de nata

60 g de cacao amargo

60 g de azúcar

10 marrons glacés

4 huevos

mermelada de castaña

harina

coñac

mantequilla

TIEMPO DE PREPARACIÓN
40 min + 2 h para que se enfríe

Bata las yemas con el azúcar hasta obtener una espuma. Añada dos cucharadas de harina y el cacao y trabájelo todo durante 2 o 3 minutos. Por último, incorpore las claras montadas a punto de nieve. Unte con mantequilla una hoja de papel de aluminio, dispóngala sobre la placa del horno y extienda el compuesto anterior en una capa de 1 cm de espesor. Hornéelo a 220 °C durante 15 minutos y déjelo enfriar.

Monte la nata e incorpore con delicadeza la mermelada de castaña mezclada con un poco de coñac. Añada los *marrons glacés* troceados y extienda parte de la crema sobre el dulce. Enróllelo todo y unte la superficie con el resto de la crema. Coloque el dulce en una fuente y sírvalo.

SALSA DE CHOCOLATE

INGREDIENTES PARA 4 PERSONAS

130 g de chocolate negro
80 g de mantequilla
azúcar glas

TIEMPO DE PREPARACIÓN
15 min

Funda el chocolate troceado con tres cucharadas de agua. A continuación, añada la mantequilla y tres cucharadas de azúcar y mezcle.

Sin dejar de remover, añada más agua hasta obtener una crema lisa y homogénea, de la consistencia deseada. Sirva la salsa caliente con galletas, helado o fruta en almíbar.

SALSA CREMOSA DE CHOCOLATE

INGREDIENTES PARA 4 PERSONAS

250 g de chocolate
de cobertura
40 g de mantequilla
2 huevos
leche

TIEMPO DE PREPARACIÓN
15 min

Funda el chocolate al baño María con un poco de leche (o con unas cucharadas de agua). Luego, fuera del fuego, incorpore la mantequilla troceada y, rápidamente, las yemas.

Bata bien y sirva de inmediato con pastel de vainilla o de fruta.

SALSA ATERCIOPELADA DE CHOCOLATE

INGREDIENTES PARA 4 PERSONAS

100 g de chocolate
de cobertura
20 g de mantequilla
20 g de azúcar
1 dl de leche
nata

TIEMPO DE PREPARACIÓN
15 min

Funda el chocolate al baño María con unas cucharadas de leche. Aparte hierva el resto de la leche y añádale dos cucharadas de nata montada, antes de llevarlo de nuevo a ebullición. Retírelo del fuego, agregue el azúcar, el chocolate fundido y la mantequilla, y cuézalo durante unos segundos más, mezclando de forma que todo ligue bien.

Sirva la salsa, caliente o fría, con profiteroles o helado de crema.

SABOYANA DECORADA

INGREDIENTES PARA 6 PERSONAS

300 g de requesón

150 g de chocolate negro

100 g de azúcar

5 dl de leche

24 bizcochos

2 huevos

coñac

café amargo

TIEMPO DE PREPARACIÓN
40 min + 2 h para que se enfríe

Moje los bizcochos en la leche sin que se empapen y póngalos en un plato, separados.

Amalgame con el requesón un vaso de café, el azúcar y las yemas, mezcle enérgicamente. Recubra con una pequeña parte del compuesto el fondo de un molde desmontable rectangular de 20 ∞ 10 cm.

Disponga a lo largo de todo el molde doce bizcochos bien apretados y cúbralos con una capa del compuesto. Distribuya los demás bizcochos perpendicularmente a los primeros, formando dos filas compactas de seis bizcochos cada una. Recúbralo todo con la última parte del compuesto e introdúzcalo en la nevera durante 2 horas por lo menos. Saque del molde el bloque de bizcochos y córtelo en rebanadas.

Ralle el chocolate y fúndalo al baño María, añadiendo al final una copita de coñac. Disponga las rebanadas de bizcocho en una fuente, viértales encima el chocolate fundido y sírvalas.

SEMIFRÍO DE CHOCOLATE Y TURRÓN

INGREDIENTES PARA 6 PERSONAS

200 g de nata

100 g de turrón

100 g de azúcar

70 g de chocolate negro

1 huevo

1 sobre de vainillina

1 hoja de gelatina

cacao amargo

leche

Grand Marnier

salsa de chocolate para servir

TIEMPO DE PREPARACIÓN
25 min + 3 h para que se enfríe

Bata una yema con el azúcar y una pizca de vainillina y trabájelo todo hasta obtener un compuesto claro y espumoso.

Pulverice el turrón, pique fino el chocolate (reservando una porción) e incorpore ambos al compuesto de yema y azúcar. Sin dejar de remover, añada la gelatina previamente remojada en un poco de leche. A continuación, incorpore la clara montada a punto de nieve y, por último, con delicadeza, la nata.

Bañe un molde con el licor, vierta en él una capa de crema y espolvoree con cacao; forme una segunda capa de crema y vuelva a espolvorear con cacao; prosiga así hasta agotar los ingredientes. Por último, termine con chocolate rallado. Introduzca el molde en el congelador durante 3 horas por lo menos.

Sirva el semifrío con salsa de chocolate.

SEMIFRÍO DE ALMENDRAS

INGREDIENTES PARA 6 PERSONAS

300 g de nata

80 g de azúcar

50 g de pastas de almendra

50 g de chocolate negro

4 huevos

licor de almendras amargas

virutas de chocolate
para decorar

TIEMPO DE PREPARACIÓN
15 min + 3 h para que se
enfríe

Bata las yemas con el azúcar. A continuación, añádales las pastas desmenuzadas (reservando una), 30 g de chocolate rallado y siete cucharadas de licor. Monte la nata, incorpórela al compuesto y viértalo todo en un molde.

Introdúzcalo en el congelador durante 3 horas por lo menos.

En el momento de servir vierta el semifrío en una fuente, desmóldelo y decórelo con virutas de chocolate y la pasta reservada.

SEMIFRÍO DE PAN Y CHOCOLATE

INGREDIENTES PARA 6 PERSONAS

550 g de nata

350 g de Toblerone

120 g de azúcar

90 g de pan integral

60 g de chocolate negro

60 g de azúcar moreno

3 huevos

coñac

hojas de chocolate

TIEMPO DE PREPARACIÓN
1 h + 3 h para que se
enfríe

En una fuente de horno mezcle el pan desmigado con el azúcar moreno; colóquela bajo el gratinador y dórelo todo hasta obtener una mezcla crujiente, que se dejará enfriar.

Monte ligeramente 300 g de nata y, por separado, las claras con el azúcar refinado. A continuación, incorpore tanto la nata como las claras a la mezcla de pan y, por último, añada el chocolate picado grueso.

Viértalo todo en seis moldes individuales, tápelos e introdúzcalos en el congelador durante 3 horas.

Antes de servirlos prepare la salsa. Para ello, trocee el Toblerone y póngalo en un cazo. Añádale el resto de la nata y póngalo en el fuego. Sin dejar de remover funda el chocolate y aromatícelo con dos cucharadas de coñac.

Desmolde los semifríos, decórelos con las hojas de chocolate y sírvalos con la salsa de Toblerone.

SOUFFLÉ DE CACAO

INGREDIENTES PARA 6 PERSONAS

250 g de azúcar

100 g de mantequilla

80 g de harina

60 g de cacao amargo

5 dl de leche

6 huevos

azúcar glas

TIEMPO DE PREPARACIÓN
1 h y 10 min

Funda la mantequilla en una cacerola y añádale la harina, el azúcar, la leche y el cacao. Lleve la mezcla a ebullición y déjela hervir, removiendo sin cesar, hasta que espese la crema. Retírela del fuego y deje que se enfríe un poco. Luego, incorpore las yemas, de una en una, removiendo con energía. Por último, añada delicadamente las claras montadas a punto de nieve.

Vierta la mezcla en un molde de *soufflé* y cuézala al baño María en el horno a 160 °C durante 45 minutos o hasta que se duplique el volumen inicial, sin abrir la puerta.

Acabada la cocción, espolvoree el *soufflé* con azúcar glas y sírvalo de inmediato.

SOUFFLÉ DE PLÁTANO

INGREDIENTES PARA 4 PERSONAS

60 g de harina

20 g de cacao azucarado

20 g de azúcar

20 g de azúcar vainillado

2 dl de leche

3 huevos

1 plátano maduro

TIEMPO DE PREPARACIÓN
50 min

En un cuenco mezcle la harina con la leche, formando una mezcla sin grumos.

Pele el plátano, quítele los filamentos y tamice la pulpa.

Vierta en una cacerola la pasta de leche y harina, añada el plátano, el cacao y los dos tipos de azúcar y cueza a fuego lento, removiendo sin cesar, hasta obtener una mezcla bastante densa. Retírela del fuego y añada las yemas.

Monte las claras a punto de nieve e incorpórelas al compuesto muy despacio, de forma que todo resulte muy cremoso.

Vierta la crema en un molde de porcelana de bordes altos y hornéela a 180 °C durante 20 minutos, sin abrir la puerta del horno. Sírvala de inmediato.

SOUFFLÉ DE BIZCOCHO

INGREDIENTES PARA 6 PERSONAS

250 g de azúcar glas

150 g de mantequilla

100 g de chocolate negro

100 g de harina

100 g de bizcocho

5 dl de leche

6 huevos

TIEMPO DE PREPARACIÓN
1 h

Funda 100 g de mantequilla a fuego muy lento, añada la harina tamizada y mezcle bien. A continuación, cueza el *roux* durante unos minutos sin que se dore. Aparte hierva la leche con el azúcar y el bizcocho picado fino. Cuando hierva, añada el *roux* y prosiga la cocción durante 10 minutos más, hasta que la mezcla esté bien seca. Póngala en un recipiente de acero con el fondo semiesférico e incorpore las yemas de una en una, sin dejar de remover. A continuación, añada con delicadeza las claras montadas a punto de nieve. Vierta la masa en seis moldes individuales untados con mantequilla y enharinados y hornéelos a 160 °C durante 25 minutos.

En el momento de servir funda el chocolate troceado con tres cucharadas de agua, añada el resto de la mantequilla y mezcle, amalgamando bien. Vierta la salsa en platos individuales, coloque encima los *soufflés* y sirva de inmediato.

SOUFFLÉ DORADO CON CHOCOLATE

INGREDIENTES PARA 6 PERSONAS

300 g de nata

150 g de chocolate negro

120 g de azúcar glas

6 castañas en almíbar

4 alquequenjes

4 huevos

1 carambola

1 hoja de oro comestible

TIEMPO DE PREPARACIÓN
40 min + 12 h para que se enfríe

Ate una cartulina en torno a un molde de *soufflé* de forma que sobresalga 2,5 cm del borde.

En un cuenco bata los huevos con el azúcar hasta obtener un compuesto denso y espumoso.

Funda al baño María el chocolate troceado, déjelo enfriar un poco y sumerja en él los alquequenjes, poniéndolos a secar en una hoja de papel parafinado a medida que los vaya sacando.

Añada el resto del chocolate a la crema de huevos.

Monte por separado la nata y las claras. Luego incorpore ambas al compuesto de chocolate y huevos. Viértalo todo en el molde e introdúzcalo en el congelador durante una noche.

En el momento de servir elimine del molde la cartulina y decore el borde del *soufflé* con pedacitos de oro. Decore la superficie con la carambola cortada en rodajas, las castañas enriquecidas con más fragmentos de oro y los alquequenjes.

CAZUELA DE CHOCOLATE CON GUINDAS

INGREDIENTES PARA 4 PERSONAS

200 g de chocolate negro

150 g de mantequilla

100 g de azúcar glas

70 g de guindas

2 huevos

licor de naranja

nata montada y gajos
de naranja para servir

TIEMPO DE PREPARACIÓN
25 min + 12 h para que se
enfríe

Macere las guindas en dos cucharadas de licor. Trocee el chocolate y fúndalo al baño María. Añada la mantequilla ablandada y el azúcar, mezcle y retire del fuego. Deje que se enfríe un poco, agregue las yemas y las guindas escurridas y amalgámelo todo bien.

Vierta el compuesto en una cazuela o divídalo en cuatro cazuelitas y guárdelo en la nevera durante al menos doce horas.

En el momento de servir decore con nata montada y gajos de naranja.

TIRAMISÚ

INGREDIENTES PARA 6 PERSONAS

500 g de requesón

250 g de azúcar

32 bizcochos

6 huevos

cacao amargo

café frío azucarado

TIEMPO DE PREPARACIÓN
30 min + 2 h para que se
enfríe

Monte las yemas con el azúcar hasta que hagan espuma e incorpore con delicadeza el requesón, hasta obtener una crema suave.

Disponga una capa de dieciséis bizcochos en el fondo de una fuente de horno cuadrada o rectangular y báñelos con el café. Extienda sobre los bizcochos la mitad de la crema, superponga otra capa de bizcochos y báñelos con más café. Termine con el resto de la crema de requesón.

Espolvoree la superficie con cacao amargo e introduzca el tiramisú en la nevera durante 2 horas por lo menos antes de servirlo.

NATILLAS DE CHOCOLATE

INGREDIENTES PARA 4 PERSONAS

90 g de azúcar glas

60 g de chocolate negro

6 huevos

leche

galletas para servir

TIEMPO DE PREPARACIÓN
15 min

Bata las yemas con el azúcar hasta obtener un compuesto suave y espumoso. A continuación, añada seis cucharadas de leche y seis cucharadas de agua, removiendo cuidadosamente.

Trocee el chocolate y fúndalo al baño María. Caliente la crema de huevos a fuego muy lento y espere a que espese sin que llegue a hervir. Incorpórele el chocolate.

Sirva las natillas en copas individuales precalentadas, acompañándolas con unas galletas.

SOPA DULCE A LA ROMANA

INGREDIENTES PARA **6** PERSONAS

600 g de bizcocho

300 g de azúcar glas

150 g de azúcar

100 g de harina

50 g de cacao azucarado

1 l de leche

12 guindas confitadas

6 huevos

licor de anís

TIEMPO DE PREPARACIÓN
1 h y 10 min + 30 min para
que se enfríe

Hierva medio vaso de leche en un cazo. Ponga en una cacerola las yemas, el azúcar, el cacao y la harina y bata el compuesto con un batidor de varillas añadiendo, poco a poco, el resto de la leche fría. Por último, incorpore también, sin dejar de remover, la leche en ebullición.

Ponga en el fuego el cazo y, sin dejar de remover, espere a que la crema llegue al punto de ebullición. Luego déjela hervir durante un par de minutos. Vierta la crema en un cuenco y deje que se enfríe.

Corte en rebanadas finas el bizcocho y coloque la mitad en una fuente de horno grande previamente pintada con la crema.

Bañe las rebanadas de bizcocho con una copita de anís y vierta encima la crema. A continuación, cúbrala con las demás rebanadas de bizcocho y báñelas con otra copita de anís.

Monte las claras a punto de nieve, incorpore con delicadeza el azúcar glas (reservando un par de cucharadas) y viértalas sobre el dulce, recubriéndolo uniformemente.

Espolvoree el resto del azúcar glas y decore con las guindas. Hornee el dulce a 180 °C durante 20 minutos.

Sírvalo frío en el recipiente de cocción.

EL BIZCOCHO

Ingredientes: 250 g de azúcar, 200 g de harina, 50 g de fécula, 10 huevos, 1 sobre de levadura vainillada, mantequilla

Monte cinco yemas con el azúcar. A continuación, añada los demás huevos enteros uno a uno mezclando hasta obtener una crema blanca y espumosa, operación que puede facilitarse poniendo el cuenco con los huevos en otro lleno de agua caliente aunque no hirviendo. Incorpore la harina y la fécula tamizadas con la levadura, removiendo con delicadeza para no desmontar el compuesto. Viértalo en un molde engrasado y enharinado bastante ancho, de forma que el bizcocho no resulte demasiado alto, y hornéelo a 180 °C durante media hora aproximadamente (compruebe la cocción con un palillo, que al introducirlo en el centro del bizcocho debe salir seco). Saque el bizcocho del horno y desmóldelo al poco rato. Dispóngalo invertido sobre una rejilla para que se enfríe.

GALLETAS Y PASTAS

ALQUEQUENJES CON CHOCOLATE

INGREDIENTES PARA 20 DULCES

100 g de chocolate
de cobertura

20 alquequenjes

🕐 **TIEMPO DE PREPARACIÓN**
10 min + 1 h para que se
enfríe

Pique grueso el chocolate y fúndalo al baño María.

Fuera del fuego sumerja en el chocolate los alquequenjes, de uno en uno, recubriéndolos por completo.

Coloque las frutas en un plato forrado de papel parafinado e introdúzcalas en la nevera.

CONSEJO ÚTIL

Estos dulces se pueden conservar en un lugar fresco y seco durante varios días.

PASTAS DE ALMENDRA CON CACAO

INGREDIENTES PARA 15 PASTAS

200 g de azúcar glas

130 g de almendra molida

30 g de cacao amargo

2 huevos

fécula

sal

🕐 **TIEMPO DE PREPARACIÓN**
35 min

En un cuenco mezcle la almendra con el azúcar, el cacao y una cucharada de fécula.

Monte las claras a punto de nieve con una pizca de sal e incorpórelas a la mezcla. A continuación, trasládela a una manga pastelera con boquilla estrellada y forme quince montoncitos en una placa de horno recubierta de papel parafinado. Hornéelos a 160 °C durante 12 minutos.

Sirva las pastas frías.

LOS TRUCOS DEL CHEF

Para desprender mejor las pastas del papel parafinado, apóyelo en un paño húmedo.

PASTAS DE ALMENDRA CON CHOCOLATE

INGREDIENTES PARA 12 PASTAS

400 g de azúcar

250 g de almendra molida

100 g de chocolate negro

4 huevos

sal

TIEMPO DE PREPARACIÓN
40 min

Mezcle la almendra con el azúcar. Trocee el chocolate, fúndalo al baño María y añádalo a la mezcla de almendras y azúcar. A continuación, incorpore con delicadeza las claras montadas a punto de nieve con una pizca de sal.

Cubra una placa de horno con papel parafinado y vierta encima el compuesto dividiéndolo en doce montoncitos. Hornéelos a 180 °C durante 15 minutos.

Sirva las pastas frías.

ROLLITOS DE VINO DULCE

INGREDIENTES PARA 500 G DE ROLLITOS

150 g de harina

150 g de almendras peladas

120 g de azúcar

40 g de cacao azucarado

vino dulce

mantequilla

TIEMPO DE PREPARACIÓN
1 h y 10 min

Pique las almendras y mézclelas con el azúcar y la harina. Añada el cacao y suficiente vino dulce para obtener una pasta bastante firme.

Forme bastoncillos de la longitud de un dedo, póngalos en una placa de horno engrasada con mantequilla y enharinada y aplánelos ligeramente con la mano. Hornéelos a 160 °C durante 40 minutos. A continuación, sáquelos del horno y déjelos enfriar.

CONSEJO ÚTIL

Los rollitos se pueden conservar mucho tiempo en una lata o en un recipiente de cierre hermético.

GALLETAS DE CHOCOLATE

400 g de chocolate negro

300 g de leche condensada azucarada

200 g de fruta confitada variada

50 g de avellanas

50 g de pistachos

1 hoja de oro comestible

TIEMPO DE PREPARACIÓN
20 min + 1 h para que se enfríe

En una cacerola caliente la leche condensada. A continuación, añada el chocolate troceado y trabaje con el batidor de varillas hasta obtener una mezcla lisa y homogénea. Recubra con papel parafinado dos placas de horno, vierta encima la crema y espolvoréela con fruta confitada, avellanas y pistachos, todo picado.

Antes de que las dos cremas se endurezcan por completo, forme con cada una de ellas una decena de discos de 5 cm de diámetro y póngalos a enfriar en la nevera. Colóquelos en una fuente, decórelos con fragmentos de oro y sírvalos.

BESOS DE DAMA

150 g de chocolate negro

150 g de harina

150 g de avellanas tostadas

100 g de mantequilla

100 g de azúcar

TIEMPO DE PREPARACIÓN
30 min

Amalgame con la mantequilla ablandada las avellanas muy picadas, el azúcar y la harina. Forme con la masa unas bolitas y dispóngalas en una placa de horno enharinada, aplanándolas ligeramente en la base para darles una forma semiesférica. Hornéelas a 180 °C durante 10 minutos. Sáquelas del horno y déjelas enfriar.

Una las galletas de dos en dos con el chocolate fundido al baño María y sirva los besos cuando el chocolate se haya enfriado.

CONSEJO ÚTIL

Estas delicadas galletas se conservan en un recipiente hermético, en un lugar fresco y seco, hasta dos semanas.

GALLETAS DE CACAO

INGREDIENTES PARA 500 G DE GALLETAS

200 g de harina

150 g de azúcar

50 g de cacao azucarado

4 huevos

canela molida

mantequilla

TIEMPO DE PREPARACIÓN
30 min

Bata en un cuenco una yema y tres huevos enteros con el azúcar, el cacao y una pizca de canela, hasta obtener un compuesto blanco y denso. A continuación, añada la harina tamizada, sin dejar de remover enérgicamente.

Rellene con la mezcla una manga pastelera de boquilla lisa y forme en una fuente de horno engrasada con mantequilla y enharinada unas cintas de 6 o 7 cm de longitud. Deje que reposen durante un cuarto de hora y hornéelas a 180 °C durante 10 minutos. Deje enfriar las galletas y sírvalas.

BOMBONES GOLOSOS

INGREDIENTES PARA 48 PIEZAS

24 nueces enteras

100 g de chocolate blanco

100 g de chocolate negro

TIEMPO DE PREPARACIÓN
30 min + 30 min para que se enfríe

Trocee el chocolate blanco y fúndalo al baño María. En cuanto esté fundido, sumerja en él de una en una doce nueces peladas y recúbralas bien (puede ayudarse con unas pinzas). A continuación, escúrralas rápidamente y apóyelas en una rejilla o en una placa recubierta con papel de horno, con la parte abombada hacia arriba, hasta que se endurezcan. Proceda del mismo modo con el chocolate negro.

Conserve las nueces en un lugar fresco hasta el momento de servirlas.

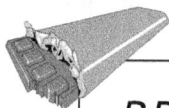

BROWNIES

INGREDIENTES PARA 16 *BROWNIES*

330 g de azúcar moreno

180 g de harina

100 g de mantequilla

100 g de nueces

30 g de cacao amargo

2 huevos

1 sobre de levadura

sal

TIEMPO DE PREPARACIÓN
1 h

En una cacerola de fondo grueso ponga 100 g de azúcar y 1,5 dl de agua. A continuación, disuélvalo a fuego moderado, removiendo. Retire el almíbar del fuego, añada el cacao y vuelva a ponerlo a cocer a fuego lento durante un par de minutos, sin dejar de remover, y luego déjelo enfriar.

Trabaje con energía la mantequilla ablandada y troceada con el resto del azúcar e incorpore de una en una las yemas de huevo y, al final, el almíbar. Añada la harina tamizada, las nueces picadas, una pizca de levadura y una de sal, y amalgámelo todo.

Unte con mantequilla y harina un molde cuadrado. Vierta en él el compuesto, nivele la superficie y hornéelo a 190 °C durante 40 minutos. Déjelo enfriar, desmóldelo y corte el dulce en cuadraditos.

CONSEJO ÚTIL

Los *brownies* están aún más buenos al cabo de dos días.

CHURROS SICILIANOS

INGREDIENTES PARA 6 PERSONAS

300 g de harina

300 g de requesón muy fresco

250 g de azúcar

30 g de fruta confitada

30 g de pistachos

gotas de chocolate negro

azúcar glas

mantequilla

vino dulce

sal

aceite para freír

TIEMPO DE PREPARACIÓN
20 min + 1 h para que repose la masa + 30 min para que se enfríe

Disponga la harina en forma de volcán en la superficie de trabajo, ponga en el centro dos nueces de mantequilla, unas cucharadas de vino dulce, una cucharada de azúcar y una pizca de sal y amase hasta obtener una bola. Déjela reposar durante 1 hora envuelta en una servilleta.

Estire la masa hasta formar una lámina fina y corte unos cuadrados que envolverá en los moldes de hojalata específicos. Fría los churros en abundante aceite hirviendo; cuando estén dorados escúrralos en papel absorbente y deje que se enfríen por completo.

Ponga el requesón en un cuenco y amalgámelo con el azúcar, una cucharada de gotas de chocolate, la fruta confitada troceada y los pistachos picados lo más fino posible.

Cuando los churros estén fríos retire los moldes de hojalata, rellénelos con la mezcla, espolvoréelos con azúcar glas y sírvalos.

TORTITAS SICILIANAS

INGREDIENTES PARA 20 TORTITAS

300 g de bizcocho

250 g de pasta de almendras

200 g de requesón de oveja

100 g de azúcar

40 g de fruta confitada

40 g de gotas de chocolate

canela molida

azúcar glas

agua de azahar

licor de vainilla

glaseado de azúcar

TIEMPO DE PREPARACIÓN
1 h + 2 h para que se enfríe

Tamice el requesón e incorpórele el azúcar refinado, la fruta confitada cortada en cuadrados, las gotas de chocolate, dos cucharaditas de canela y un chorrito de licor. Recorte del bizcocho los discos suficientes para recubrir el fondo de varios moldes para tartaletas y luego otros discos que servirán de tapa (por lo tanto, más grandes).

En la superficie de trabajo espolvoreada con azúcar glas extienda la pasta de almendras en una lámina fina y recórtela en tiritas de la altura de los moldes.

Revista con los discos de bizcocho más pequeños el fondo de los moldes, forre las paredes con las tiras de pasta de almendras, rellénelos con la mezcla de requesón y cúbralos con los discos de bizcocho más grandes. Vierta las tortitas y recúbralas con el glaseado de azúcar aromatizado con agua de azahar.

Guárdelas en la nevera durante 2 horas por lo menos y sírvalas.

LA PASTA DE ALMENDRAS

En una cacerola disuelva a fuego moderado 1,6 kg de azúcar en 1,2 l de agua. El almíbar estará listo cuando al verter unas gotas del mismo en un platito se alargue como un hilo.

Retire la cacerola del fuego, añada 1,6 kg de harina de almendras (o de almendras muy picadas) y mezcle hasta obtener una masa compacta y pegajosa. Deje que se enfríe, traslade la masa a la superficie de trabajo y trabájela con las manos hasta obtener una pasta lisa y homogénea.

CHOCOCANDIES

INGREDIENTES PARA **25** PIEZAS

200 g de chocolate negro

200 g de coco rallado

200 g de azúcar glas

café soluble

🕐 TIEMPO DE PREPARACIÓN
25 min + 1 h para que se enfríe

Cueza el azúcar con medio vaso de agua hasta obtener un almíbar dorado. Reserve tres cucharadas de coco y vierta el resto en el almíbar. Prosiga la cocción durante 3 minutos removiendo. Fuera del fuego añada dos cucharadas de café y el chocolate rallado, amalgamándolo todo bien. Deje que se enfríe.

Recoja la masa a cucharadas y forme unas bolas del tamaño de una nuez. A continuación, páselas por el coco reservado. Guárdelas en lugar fresco hasta el momento de servir.

CEREZAS DISFRAZADAS

INGREDIENTES PARA **30** CEREZAS

250 g de chocolate
de cobertura

30 cerezas en aguardiente

🕐 TIEMPO DE PREPARACIÓN
25 min +1 h para que se enfríe + 2 h para el escurrido

Escurra las cerezas sobre papel absorbente durante al menos 2 horas.

Funda el chocolate al baño María.

Con la ayuda de unas pinzas sumerja las cerezas en el chocolate y déjelas reposar en un plato previamente enfriado en la nevera.

Sírvalas cuando el chocolate se haya endurecido por completo.

CHOCOLATINAS COLOR PASTEL

INGREDIENTES PARA **36** PIEZAS

500 g de chocolate blanco

50 g de mantequilla

6 pistachos

nata

licor de albaricoque

Chartreuse

jerez

colorante alimentario rosa, verde y amarillo

🕐 TIEMPO DE PREPARACIÓN
40 min

Funda al baño María el chocolate; antes de que se solidifique; vierta una parte en 36 moldes de papel distribuyéndolo bien.

Amalgame el resto del chocolate con la mantequilla ablandada y seis cucharadas de nata y divida el compuesto en tres cuencos. Aromatice uno con cuatro cucharadas de jerez y tíñalo de rosa con el colorante, aromatice otro con cuatro cucharadas de Chartreuse y tíñalo de verde y aromatice el último con cuatro cucharadas de licor de albaricoque y tíñalo de amarillo y rosa. Ponga las tres cremas, parcialmente solidificadas, en tres mangas pasteleras con boquilla estrellada y viértalas en los moldes, doce por cada color.

Rocíe los dulces con los pistachos picados y sírvalos.

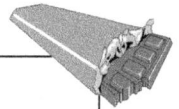

COPITAS VIENESAS

INGREDIENTES PARA 16 DULCES

80 g de chocolate con leche

80 g de chocolate negro

60 g de chocolate blanco

nata

cacao amargo

café soluble

TIEMPO DE PREPARACIÓN
30 min + 1 h para que se enfríe

Prepare 16 moldes individuales de aluminio. Funda el chocolate negro al baño María y ponga una cucharada en cada molde, extendiéndola con un pequeño pincel por las paredes. Deje secar los moldes boca abajo sobre una rejilla.

En un cazo de fondo grueso ponga unas cucharadas de nata y una cucharadita de café y llévelo despacio a ebullición, removiendo. Retire del fuego y vierta el líquido sobre el chocolate con leche troceado, amalgamándolo todo bien hasta que se funda por completo. Deje que se enfríe la mezcla y, antes de que se endurezca, eche una cucharadita de la misma en cada copita de chocolate negro. Funda el chocolate blanco troceado al baño María, deje que se enfríe un poco y eche media cucharadita en cada copita, dejando la superficie irregular. Espere a que se endurezca. Saque los dulces de los moldes y espolvoréelos con el cacao. Guárdelos en la nevera hasta el momento de servir.

CONSEJO ÚTIL

Estas copitas se pueden conservar durante un par de días en un lugar fresco y seco.

DELICIAS DE CHOCOLATE

INGREDIENTES PARA 25 PIEZAS

150 g de chocolate negro

150 g de almendra molida

150 g de azúcar glas

50 g de cacao amargo

3 huevos

TIEMPO DE PREPARACIÓN
20 min + 2 h para que se enfríe

Ralle el chocolate y mézclelo en un cuenco con el azúcar y la almendra. A continuación, incorpore las yemas y mezcle bien, hasta obtener un compuesto homogéneo. Forme con la masa veinticinco bolitas y páselas por el cacao. Guárdelas 2 horas en la nevera y sírvalas.

CONSEJO ÚTIL

Estos dulces deben consumirse antes de que transcurran 48 horas desde su preparación.

DEDOS DE APÓSTOLES

INGREDIENTES PARA 4 PERSONAS

200 g de requesón muy fresco

100 g de azúcar

50 g de cacao azucarado

4 huevos

vino blanco dulce

canela molida

azúcar glas

mantequilla

sal

aceite para freír

TIEMPO DE PREPARACIÓN
40 min

Mezcle bien el requesón, el azúcar refinado y el cacao. A continuación, añada vino suficiente para obtener una mezcla homogénea y blanda, aunque no demasiado.

Aparte bata las claras sazonándolas un poco, sin montarlas, dándoles una ligera fluidez.

Ponga en el fuego una sartén pequeña de hierro y sofría un poco de mantequilla con unas gotas de aceite. Cuando esté caliente, deje caer una cucharada de clara, a fin de obtener un pequeño buñuelo muy fino. Prosiga así hasta agotar la clara. A medida que estén listos los buñuelos, póngalos en un plato y coloque en el centro de cada uno una cucharadita abundante de la mezcla preparada anteriormente. A continuación, enrolle cada buñuelo sobre sí mismo y ciérrelo formando una especie de cilindro.

Coloque los cilindros en una fuente de servir y espolvoréelos con azúcar glas mezclada con canela. Sírvalos calientes o fríos.

PASTAS GLASEADAS AL CACAO

INGREDIENTES PARA 12 PASTAS

500 g de bizcocho

60 g de cacao amargo

60 g de azúcar glas

30 g de mantequilla

12 guindas confitadas

cidra confitada

coco rallado

TIEMPO DE PREPARACIÓN
15 min

Corte el bizcocho en cubos de 5 cm de lado. Corte un pedazo de cidra confitada formando unas hojas pequeñas.

Funda la mantequilla al baño María, añada el cacao y el azúcar glas tamizados juntos e incorpore la suficiente agua caliente para obtener un glaseado bastante espeso.

Pase por el glaseado los cubos de bizcocho de forma que queden bien recubiertos, déjelos escurrir sobre una rejilla y cúbralos con el coco. Decore cada pasta con una guinda confitada y un par de hojitas de cidra y sírvalas.

PASTAS JASPEADAS

INGREDIENTES PARA 600 G DE PASTAS

300 g de chocolate negro extra

300 g de azúcar

6 huevos

café soluble

harina

mantequilla

TIEMPO DE PREPARACIÓN
40 min + 6 h para que se enfríe

Monte tres claras a punto de nieve.

Prepare un almíbar cociendo el azúcar con medio vaso de agua. Deje que se enfríe un poco y luego viértalo despacio sobre las claras montadas sin dejar de remover hasta que se enfríe la mezcla, e incorpore también gradualmente dos cucharadas de café.

Trocee el chocolate y fúndalo al baño María. Deje que se enfríe un poco y luego incorpore las otras tres claras montadas a punto de nieve.

Reúna rápidamente los dos compuestos en un cuenco, aunque sin amalgamarlos del todo. Coja unas cucharadas de masa y colóquelas en montoncitos en una placa de horno engrasada y enharinada. Deje reposar durante 5 o 6 horas y luego hornéelos a 160 °C durante 15 minutos. Sirva las pastas frías.

FLORENTINOS CON CHOCOLATE

INGREDIENTES PARA 250 G DE PASTAS

100 g de chocolate de cobertura

80 g de Corn Flakes

50 g de mantequilla

30 g de azúcar moreno

guindas confitadas

pieles confitadas

harina

TIEMPO DE PREPARACIÓN
20 min + 30 min para que se enfríe

En una cacerola de fondo grueso funda la mantequilla y el azúcar a fuego lento, removiendo. A continuación, retírelo del fuego. Añada una cucharada de harina, los Corn Flakes, dos cucharadas de guindas troceadas y dos de pieles de cítricos variadas; mezcle y, en cuanto la mezcla resulte homogénea, trasládela a cucharadas a una placa de horno forrada con papel para horno untado con mantequilla. Hornee las pastas a 180 °C durante 10 minutos, hasta que estén bien doradas, y déjelas enfriar.

Funda el chocolate al baño María, removiendo hasta que parezca aterciopelado. Retírelo del fuego, deje que se enfríe un poco y distribúyalo con una espátula sobre las pastas.

CONSEJO ÚTIL

Los florentinos se conservan en un recipiente hermético, en un lugar fresco y seco, hasta dos semanas.

BUÑUELOS DE CHOCOLATE

INGREDIENTES PARA 6 PERSONAS

250 g de harina

250 g de patatas

100 g de chocolate negro

2 dl de leche

1 cubito de levadura
de cerveza

canela molida

azúcar glas

sal

aceite para freír

TIEMPO DE PREPARACIÓN
50 min + 2 h para que re-
pose la masa

Cueza las patatas, pélelas, aplástelas bien y añáda-las a la harina con una pizca de sal. Mézclelas con un poco de leche tibia en la que habrá disuelto medio cubito de levadura y añada el resto de la leche, removiendo cuidadosamente hasta obtener una pasta blanda que se dejará reposar durante 2 horas en un lugar templado.

Transcurrido ese plazo, amalgame la pasta con el chocolate rallado.

Ponga en el fuego una sartén con abundante aceite y eche la pasta a cucharadas. Vaya escurriendo los buñuelos inflados y dorados y deposítelos sobre una hoja de papel absorbente.

Cuando todos estén listos trasládelos a una fuente, espolvoréelos con azúcar glas mezclado con canela y sírvalos.

PASTAS AL GRAND MARNIER

INGREDIENTES PARA 8 PERSONAS

360 g de harina

230 g de mantequilla

200 g de chocolate negro

150 g de almendras peladas

150 g de azúcar

2 huevos

1 limón

Grand Marnier

TIEMPO DE PREPARACIÓN
50 min + 1 h para que se
enfríe

Pique las almendras y mézclelas con el azúcar.

En un cuenco trabaje una yema y un huevo entero con la mantequilla ablandada y troceada. A continuación, añada la harina tamizada, la ralladura del limón y cuatro cucharadas de licor. Mezcle bien hasta obtener un compuesto homogéneo y luego añada las almendras y el azúcar.

Trasládelo todo a una manga pastelera con boquilla estrellada y forme unas pastas en forma de herradura sobre una placa de horno recubierta con papel parafinado. Hornéelas a 180 °C durante 25 minutos y deje que se enfríen.

Corte el chocolate en trozos, fúndalo al baño María y sumerja en él las puntas de las galletas. A continuación, póngalas a secar sobre una rejilla durante 1 hora antes de servirlas.

DULCES DE CHOCOLATE

INGREDIENTES PARA 36 DULCES

130 g de chocolate
de cobertura

130 g de almendras,
nueces o avellanas

130 g de azúcar

leche

mantequilla

TIEMPO DE PREPARACIÓN
10 min + 30 min para que
se enfríe

En una cacerola de fondo grueso funda el chocolate con la mantequilla, el azúcar tamizado y dos cucharadas de leche, mezclando a fuego lento. Lleve a ebullición y hierva despacio durante 1 minuto. Retire del fuego, mezcle hasta que desaparezcan los grumos e incorpore los frutos secos troceados.

Viértalo todo en una fuente cuadrada poco profunda de 17 cm de lado revestida con papel de aluminio untado con mantequilla y nivele la superficie. Deje que se enfríe y cuando la mezcla se haya endurecido retírela de la fuente y córtela en cuadraditos.

CONSEJO ÚTIL

Estos dulces se conservan en un recipiente hermético, en un lugar fresco, hasta siete días.

RACIMO DE TRUFAS DORADAS

INGREDIENTES PARA 20 TRUFAS

300 g de chocolate negro

100 g de nata

30 g de mantequilla

30 g de azúcar

1 huevo

1 vaina de vainilla

1 hoja de oro comestible

ron

hojas de vid para decorar

TIEMPO DE PREPARACIÓN
1 h y 15 min + 3 h para que
se enfríe

En una cacerola caliente la nata con la vainilla. A continuación, retire del fuego el recipiente, tápelo y deje reposar durante media hora. Luego elimine la vainilla.

En un cuenco trabaje el azúcar con la yema hasta obtener un compuesto blanco y espumoso, amalgámelo con la nata y caliéntelo a fuego lento. Añada la mantequilla, 200 g de chocolate troceado y una cucharada de ron. Amalgame bien todos los ingredientes, retire la cacerola del fuego y deje que se enfríe.

Forme con el compuesto veinte bolitas, sumérjalas una por una en el resto del chocolate fundido al baño María y déjelas secar sobre una rejilla. Por último, introduzca los dulces en la nevera durante unas horas.

En el momento de servir disponga las trufas en una fuente en forma de racimo, espolvoréelas con trocitos de oro y decórelas con las hojas de vid.

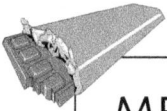

MENDIGOS DE CHOCOLATE

INGREDIENTES PARA 40 PIEZAS

500 g de chocolate negro

40 avellanas peladas

40 nueces

40 pasas de Corinto

40 pistachos

TIEMPO DE PREPARACIÓN
1 h

Trocee el chocolate y fúndalo al baño María. A continuación, eche una pequeña cantidad en una hoja de papel parafinado para formar un círculo de 5 cm de diámetro. Repita la operación hasta agotar el chocolate, manteniendo el que esté pendiente de uso siempre al baño María.

Cada vez que forme un círculo, mientras el chocolate no se haya endurecido todavía, coloque encima una pasa, una nuez, un pistacho y una avellana. Deje que se enfríen por completo los dulces, despréndalos del papel y sírvalos.

MERENGUES CON NUECES

INGREDIENTES PARA 4 PERSONAS

250 g de azúcar

200 g de nata

180 g de chocolate negro

130 g de nueces

40 g de mantequilla

4 huevos

café fuerte

coñac

granos de café de chocolate

TIEMPO DE PREPARACIÓN
2 h

Monte las claras a punto de nieve e incorpore con delicadeza la mitad del azúcar. En otro cuenco mezcle el resto del azúcar con las nueces picadas y, a continuación, incorpórelo a las claras montadas.

Forre dos placas de horno con papel de horno y distribuya encima el compuesto formando ocho discos (cuatro más grandes, cuatro más pequeños). A continuación, hornéelos a 120 °C durante una hora y media, hasta que los merengues estén completamente secos (para que no se doren demasiado puede dejar la puerta del horno entreabierta). Cuando estén cocidos, sáquelos del horno y déjelos enfriar sobre una rejilla.

Mientras tanto, funda el chocolate troceado con la mantequilla, media taza de café y una cucharada de coñac, y déjelo enfriar. Monte ligeramente la nata e incorpórela a la crema de chocolate, reservando un poco para la decoración.

Extienda la crema sobre cuatro discos de merengue y cúbralos con los otros cuatro. Ponga la crema reservada en una manga pastelera con boquilla estrellada y forme unas rositas en el centro de los merengues. Decórelos con los granos de café de chocolate y sírvalos.

NOUGATS RECUBIERTOS DE CHOCOLA-

INGREDIENTES PARA 54 CUADRADOS

370 g de azúcar

200 g de chocolate
de cobertura

190 g de glucosa líquida

80 g de melaza

60 g de mantequilla

2 huevos

extracto de malta

TIEMPO DE PREPARACIÓN
1 h + 12 h y 30 min para
que se enfríe

En una cacerola grande de fondo grueso funda a fuego medio el azúcar con la melaza, la glucosa, dos cucharadas de extracto de malta y dos de agua, sin dejar de remover. Elimine los cristales de azúcar de los bordes de la cacerola pasándoles un pincel mojado. Lleve la mezcla a ebullición, baje el fuego y deje que hierva despacio, sin remover, durante 15-20 minutos. A continuación, retírela del fuego.

Monte las claras a punto de nieve e incorpore, poco a poco, la cuarta parte del almíbar caliente, batiendo continua pero delicadamente, hasta que el compuesto quede espeso y brillante.

Vuelva a poner en el fuego el resto del almíbar, llévelo a ebullición, baje el fuego y deje que hierva despacio, sin remover, durante 5-10 minutos. A continuación, retírelo del fuego.

Vierta el almíbar sobre el compuesto de claras y mezcle hasta obtener una mezcla densa. Bata las yemas con la mantequilla ablandada e incorpórelas al compuesto.

Viértalo todo en una fuente de horno poco profunda de 18 ∞ 27 cm revestida con papel de aluminio untado con mantequilla, nivele la superficie e introdúzcala en la nevera durante una noche.

Retire el *nougat* de la fuente y córtelo en cuadritos con un cuchillo afilado previamente y sumergido en agua caliente.

Funda el chocolate al baño María y, con dos tenedores, sumerja los pedacitos de *nougat* de uno en uno, escúrralos y colóquelos en una bandeja revestida de papel parafinado. Meta los dulces en la nevera durante media hora, hasta que se endurezca el chocolate, y sírvalos.

CONSEJO ÚTIL

Los *nougats* se conservan en un recipiente hermético, en un lugar fresco y seco, hasta siete días.

BOLITAS DE ALMENDRA AL CACAO

INGREDIENTES PARA 25 BOLITAS

250 g de azúcar glas

150 g de almendra molida

20 g de cacao amargo

3 huevos

café soluble

TIEMPO DE PREPARACIÓN
30 min + 1 h para que se enfríe

Mezcle la almendra con 200 g de azúcar, el cacao, una cucharada de café y dos claras, trabajando el compuesto con las manos hasta obtener una masa bastante sólida.

Forme unas bolitas, páselas por la otra clara ligeramente montada y luego por el resto del azúcar. Póngalas en una placa de horno recubierta de papel parafinado y hornéelas a 160 °C durante un cuarto de hora.

Deje que se enfríen y sírvalas.

PASTAS DE CHOCOLATE

INGREDIENTES PARA 30 PASTAS

200 g de chocolate negro

150 g de nueces

150 g de azúcar glas

50 g de mantequilla

2 huevos

ron

TIEMPO DE PREPARACIÓN
20 min + 12 h para que se enfríe

Ponga las claras en un cazo y mézclelas con las nueces picadas, el azúcar y dos cucharadas de ron. Caliente la mezcla a fuego lento durante 5 minutos, removiendo sin cesar, y retírela del fuego.

Añada el chocolate troceado, vuelva a poner la cacerola en el fuego y fúndalo siempre a fuego muy lento, amalgamándolo todo bien. A continuación, añada la mantequilla ablandada.

Rellene con la preparación treinta moldes de papel y guarde las pastas en la nevera durante 12 horas antes de servirlas.

PASTAS DE ALMENDRA RECUBIERTAS DE CHOCOLATE

INGREDIENTES PARA 20-25 PIEZAS

400 g de pasta de almendras

200 g de chocolate de cobertura

TIEMPO DE PREPARACIÓN
40 min + 1 h para que se enfríe

Divida la masa de almendras en 20-25 pedazos y modélelos a su gusto.

Trocee el chocolate y fúndalo al baño María hasta que quede liso y cremoso. Coja las pastas con una brocheta metálica (o algo similar) y sumérjalas una por una en el chocolate fundido, recubriéndolas bien. A continuación, póngalas a escurrir sobre una rejilla.

Cuando se endurezca el chocolate, guarde los dulces en la nevera hasta el momento de servir.

PATATAS DULCES

INGREDIENTES PARA **6** PERSONAS

200 g de galletas

150 g de mantequilla

150 g de almendras peladas y tostadas

150 g de azúcar glas

80 g de piñones

2 huevos

1 sobre de vainillina

cacao azucarado

Cointreau

TIEMPO DE PREPARACIÓN
40 min + 2 h para que se enfríe

Pique las almendras y pulverice las galletas.

Ponga la mantequilla ablandada y troceada en un cuenco y trabájela hasta que resulte espumosa. A continuación, añada poco a poco las galletas, las almendras, el azúcar y la vainillina. Por último, incorpore las yemas de los huevos y unas cucharadas de licor.

Forme con la masa unas albóndigas de diferentes tamaños, similares a patatas, rebócelas con el cacao azucarado y cláveles unos piñones arbitrariamente.

Guarde las patatas dulces en la nevera hasta el momento de servir.

ALBÓNDIGAS DULCES

INGREDIENTES PARA **6** PERSONAS

350 g de requesón

150 g de pastas de almendra

50 g de galletas

2 huevos

pan rallado

cacao azucarado

canela molida

clavos de olor

mantequilla

TIEMPO DE PREPARACIÓN
30 min

Ponga el requesón en un cuenco e incorpore las pastas de almendra y las galletas pulverizadas, una pizca de canela, unos clavos rallados y un huevo. Amalgame bien los ingredientes y forme con el compuesto unas bolas del tamaño de una nuez.

Casque en un plato hondo el otro huevo, bátalo bien con un tenedor y sumerja en él las bolas de una en una. Luego páselas por el pan rallado. Fría las albóndigas en pequeños grupos en abundante mantequilla y cuando estén bien doradas escúrralas sobre papel absorbente.

Trasládelas a una fuente, espolvoréelas con el cacao y sírvalas.

CUADRADITOS

INGREDIENTES PARA 700 G DE CUADRADITOS

200 g de chocolate negro

150 g de mantequilla

150 g de azúcar glas

150 g de almendras fileteadas

50 g de harina

3 huevos

café soluble

extracto de almendra amarga

TIEMPO DE PREPARACIÓN
40 min

Dore las almendras en una sartén antiadherente dándoles vueltas con una espátula. A continuación, déjelas enfriar y trocéelas con los dedos.

Trocee el chocolate y fúndalo al baño María. En un cuenco trabaje la mantequilla con el azúcar hasta obtener una mezcla lisa y espumosa e incorpore los huevos de uno en uno intercalándolos con la harina tamizada, sin dejar de batir. Añada luego el chocolate fundido, una cucharada de café y dos gotas de extracto de almendra, ligándolo todo bien.

Engrase con mantequilla y enharine un molde cuadrado o rectangular grande (el compuesto no debe superar el espesor de 1,5 cm), vierta la masa y nivele. Hornéela a 170 °C durante 15 minutos, sin que el dulce esté demasiado cocido.

Deje que se enfríe un poco fuera del horno, corte en cuadraditos y sírvalos templados o fríos.

CUADRADITOS DE CARAMELO

INGREDIENTES PARA 49 CUADRITOS

500 g de azúcar

170 g de nata

2,5 dl de leche

maicena

esencia de vainilla

mantequilla

TIEMPO DE PREPARACIÓN
40 min + 30 min para que se enfríe

En una cacerola de fondo grueso disuelva el azúcar con la nata, la leche y una cucharada de maicena, removiendo a fuego medio sin dejar que hierva. Elimine los cristales de azúcar de los bordes de la cacerola con un pincel mojado. Lleve a ebullición, baje el fuego y deje que hierva despacio, sin remover, durante 15 minutos. Deje que se enfríe un poco; añada una cucharadita de esencia de vainilla y bata enérgicamente durante 5 minutos, hasta que la mezcla resulte densa y opaca. Viértala en una fuente cuadrada de 20 cm de lado revestida con papel de aluminio untado con mantequilla y nivele la superficie. Deje que se enfríe.

Funda el chocolate al baño María. Deje que se enfríe un poco y extiéndalo sobre el caramelo con una espátula. Espere a que se endurezca, saque el dulce del horno y córtelo en cuadraditos.

CONSEJO ÚTIL

Estos cuadraditos de caramelo se conservan en un recipiente hermético, en un lugar fresco y seco, hasta dos semanas.

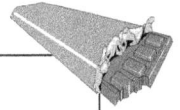

TARTAS SICILIANAS DE REQUESÓN

INGREDIENTES PARA 6 PERSONAS

400 g de requesón fresco
350 g de azúcar
150 g de harina
100 g de azúcar glas
80 g de cidra confitada
80 g de chocolate negro
80 g de fécula
70 g de mantequilla
5 huevos
1 limón
1 sobre de azúcar vainillado

TIEMPO DE PREPARACIÓN
1 h

Bata cuatro yemas con tres cucharadas de agua caliente hasta que queden bien espumosas. A continuación, añada poco a poco 100 g de azúcar refinado y el azúcar vainillado, removiendo sin cesar hasta obtener una crema homogénea. Monte cuatro claras a punto de nieve con 50 g de azúcar refinado e incorpórelas a la crema de yemas.

Mezcle la harina con la fécula y échela sobre el compuesto tamizándola. Amalgámelo todo bien. Hacia el final, incorpore 50 g de mantequilla fundida al baño María.

Unte con mantequilla 24 moldes de horno de forma ovalada, espolvoréelos de harina y llénelos hasta la mitad con la crema. Hornéelos a 160 °C durante un cuarto de hora y luego saque los dulces de los moldes y déjelos enfriar.

Mientras tanto, tamice el requesón en un cuenco, añada el resto del azúcar refinado y mezcle cuidadosamente. Añada la cidra confitada y el chocolate cortados en trocitos. Unte con esta crema la mitad de los dulces y coloque encima los demás, formando así una especie de sándwiches rellenos de crema.

Ponga la otra clara en un cuenco, añada el zumo de medio limón y el azúcar glas y bata hasta obtener un glaseado de buena consistencia. Extienda el glaseado en la superficie exterior de las tartas, espere a que se endurezca y sírvalo.

RAVIOLIS DE PASTA DE ALMENDRAS

INGREDIENTES PARA 6 PERSONAS

200 g de harina
200 g de pasta de almendras
200 g de sémola fina
1 dl de aceite de oliva virgen extra
1 limón
cacao azucarado
agua de azahar
sal
aceite para freír

TIEMPO DE PREPARACIÓN
1 h

Mezcle la harina, la sémola, la ralladura del limón, el aceite de oliva y el agua templada y salada necesaria para obtener una masa blanda y elástica. Extiéndala en una lámina fina y forme unos discos. A continuación, coloque en el centro de cada uno unas bolitas de pasta de almendras previamente aromatizada con un poco de agua de azahar. Doble por la mitad cada disco, selle los bordes y recorte la masa sobrante con una rueda.

Caliente aceite en una sartén y fría los raviolis, procurando que no se doren en exceso. Escúrralos sobre papel absorbente, colóquelos en una fuente, espolvoréelos con el cacao y sírvalos.

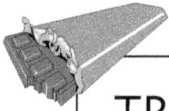

TRUFAS CON NATA

INGREDIENTES PARA 30 TRUFAS

500 g de chocolate
de cobertura

130 g de nata

90 g de mantequilla

cacao amargo

coñac

TIEMPO DE PREPARACIÓN
25 min + 1 h para que se
enfríe

En una cacerola pequeña de fondo grueso funda la mantequilla con la nata, mezclando a fuego lento. Lleve a ebullición, retire del fuego y vierta la mezcla sobre el chocolate troceado. Remueva con una cuchara de madera hasta que se funda y, a continuación, incorpore dos cucharadas de coñac.

Meta la mezcla en la nevera y remuévala de vez en cuando. Cuando esté lo bastante sólida como para poder manejarla, forme con ella unas bolitas. Tamice el cacao sobre una hoja de papel parafinado y reboce las bolitas. Guárdelas en un lugar fresco hasta el momento de servir.

CONSEJO ÚTIL

Estas trufas se pueden conservar durante un par de días en un lugar fresco y seco.

TRUFAS DE CHOCOLATE CON NARANJA

INGREDIENTES PARA 40 TRUFAS

220 g de chocolate negro

150 g de nata

60 g de mantequilla

1 naranja

1 huevo

pieles de naranja confitada

cacao amargo

Grand Marnier

40 estrellitas de corteza
de naranja confitada

TIEMPO DE PREPARACIÓN
40 min + 1 h para que se
enfríe

En un cazo reduzca la nata a la mitad hirviéndola. A continuación, retírela del fuego e incorpórele la mantequilla ablandada y troceada y el chocolate rallado. Tape, deje reposar hasta que se funda el chocolate y amalgámelo todo bien. Añada la yema, dos cucharadas de pieles confitadas ralladas, una cucharadita de la piel rallada de la naranja y dos cucharadas de licor. Introdúzcalo en la nevera para que adquiera firmeza.

Forme con la mezcla unas bolitas y páselas por el cacao, revistiéndolas bien. Decore cada bolita con las pieles en forma de estrella (si no las encuentra ya listas puede recortarlas con moldes a partir de pieles enteras), póngalas en moldes de papel y sírvalas.

CONSEJO ÚTIL

Estas trufas se pueden conservar en la nevera hasta dos días.

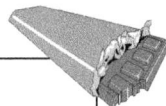

TRUFAS RELLENAS

INGREDIENTES PARA 20-25 TRUFAS

150 g de chocolate
de cobertura

50 g de mantequilla

50 g de azúcar glas

nata

cacao amargo

café soluble

granos de café de chocolate

🕐 TIEMPO DE PREPARACIÓN
15 min + 1 h para que se enfríe

Ponga tres cucharadas de nata, la mantequilla, una cucharada de café y el chocolate troceado en una cacerola de fondo grueso y fúndalo todo a fuego muy lento o al baño María, mezclando hasta que quede liso y brillante. Fuera del fuego añada el azúcar tamizado, mezcle con cuidado y deje que se enfríe.

Forme con la masa unas bolitas y clave en cada una unos granos de café de chocolate. A continuación, páselas por el cacao y sírvalas.

ÑOQUIS DE MIEL

INGREDIENTES PARA 6 PERSONAS

350 g de harina

150 g de miel

50 g de cacao amargo

1 naranja

moscatel

aceite de oliva virgen extra

aceite para freír

🕐 TIEMPO DE PREPARACIÓN
45 min

Ponga la harina en forma de volcán en la superficie de trabajo y eche en el centro 1 dl de aceite de oliva, 2 dl de vino, el cacao y la ralladura de la naranja. A continuación, trabaje bien todos los ingredientes hasta obtener una masa bastante blanda.

Forme un rollo de 3 cm de diámetro, córtelo en pedazos del tamaño de ñoquis y presiónelos ligeramente contra la parte posterior de un rallador antes de freírlos en abundante aceite.

Mientras tanto, en una gran cazuela llana introduzca la miel y el zumo de la naranja, póngala en el fuego y, removiendo con una cuchara de madera, mézclelos perfectamente.

Escurra los ñoquis fritos, páselos de inmediato por el almíbar hirviendo, alejando la cazuela de la llama, trasládelos a una fuente y sírvalos de inmediato.

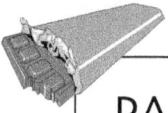

PASTITAS DE CHOCOLATE

INGREDIENTES PARA 600 G DE PASTAS

150 g de harina

150 g de harina de maíz

150 g de mantequilla

100 g de gotas de chocolate

1 limón

1 sobre de levadura

azúcar glas

leche

sal

TIEMPO DE PREPARACIÓN
35 min

Tamice juntas las dos harinas, medio sobre de levadura, una pizca de sal y media cucharadita de ralladura de limón. Añada la mantequilla fundida y caliente y empiece a amasar, incorporando las gotas de chocolate y leche caliente suficiente para ablandar la masa.

Cuando todo resulte homogéneo, forme uno o dos rollos de 4 cm de diámetro y córtelos en trozos de 6 cm de longitud. Forme unos rombos con las puntas redondeadas, de 7-8 cm de largo, y colóquelos en una placa de horno untada con mantequilla. Hornéelos a 180 °C durante al menos 10 minutos, hasta que adquieran un bonito color. Espolvoree las pastas con azúcar glas y sírvalas templadas o frías.

ROSQUILLAS DE SÉMOLA

INGREDIENTES PARA 4 PERSONAS

100 g de mantequilla

100 g de harina

100 g de sémola

cacao azucarado

vino dulce

sal

aceite para freír

TIEMPO DE PREPARACIÓN
40 min + 30 min para que se enfríe

En una cazuela llana de fondo grueso ponga la mantequilla, una pizca de sal, un vaso de vino y otro de agua. Llévelo a ebullición y eche en forma de lluvia tanto la harina como la sémola, removiendo hasta obtener una masa homogénea. Mantenga el fuego muy bajo y siga mezclando con energía, sin detenerse nunca, hasta formar una pasta elástica que tienda a desprenderse de las paredes del recipiente. A continuación, retírelo del fuego y deje que se enfríe.

Haga unos rollitos con la pasta y únalos por los extremos, formando unas rosquillas pequeñas. Pínchelas con un tenedor y fríalas en abundante aceite hirviendo.

Deje que se escurran sobre papel absorbente, dispóngalas en una fuente, espolvoréelas con el cacao y sírvalas.

PASTELES Y TARTAS

BIZCOCHO AL RON

INGREDIENTES PARA 6 PERSONAS

260 g de azúcar

240 g de harina

60 g de mantequilla

60 g de chocolate negro

2 huevos

1 sobre de vainillina

1 cubito de levadura de cerveza

leche

ron

sal

TIEMPO DE PREPARACIÓN
1 h y 10 min + 2 h y 15
min para que repose la
masa

Funda medio cubito de levadura en cuatro cucharadas de agua y cuatro de leche tibia. Déjelo reposar durante 10 minutos.

En un cuenco ponga la harina tamizada, una pizca de sal y medio sobre de vainillina, eche en el centro la levadura y los huevos batidos con 160 g de azúcar y amáselo todo delicadamente con la punta de los dedos.

Cuando la masa resulte homogénea, incorpore la mantequilla ablandada y troceada y el chocolate rallado. Cúbrala con una servilleta y déjela reposar durante 1 hora.

Vuelva a trabajar enérgicamente la masa. Engrase un molde de saboyana (de forma cónica con un pequeño agujero en el centro) y llénelo hasta la mitad. Deje reposar en un lugar templado hasta que la masa, al fermentar, alcance el borde del recipiente. A continuación, hornéela a 200 °C durante 10 minutos. Luego baje la temperatura a 170 °C y prosiga la cocción durante media hora más, o hasta que la superficie del bizcocho adquiera un bonito color dorado. Deje que se enfríe un poco, saque el bizcocho del molde y colóquelo en una fuente de servir.

Ponga el resto del azúcar en un cazo con 2 dl de agua y deje que hierva suavemente hasta que espese el líquido, añada seis cucharadas de ron y retire del fuego.

Pinche el bizcocho con un tenedor, viértale encima en pequeñas dosis el almíbar, empapándolo por completo, y sírvalo.

BALTASAR

INGREDIENTES PARA 6 PERSONAS

450 g de chocolate negro

170 g de harina

170 g de azúcar glas

100 g de mantequilla

6 huevos

1 sobre de levadura

nata

ron

TIEMPO DE PREPARACIÓN
30 min + 30 min para que
se enfríe

Trocee 300 g de chocolate y fúndalo al baño María. A continuación, incorpore 70 g de mantequilla y mezcle hasta obtener un compuesto liso y cremoso. Bata las yemas con 150 g de azúcar y añada la harina tamizada, la mezcla de mantequilla y chocolate, cuatro cucharadas de ron y la levadura. Monte las claras a punto de nieve e incorpórelas delicadamente al resto.

Engrase con mantequilla un molde de saboyana (de forma cónica con un pequeño agujero en el centro), vierta en él la masa y hornéela a 200 °C durante 10 minutos. Luego prosiga la cocción a 160 °C durante 15-20 minutos más. Si el bizcocho se dora demasiado, cúbralo con papel de aluminio.

Poco antes de servir funda al baño María el resto del chocolate con cuatro cucharadas de agua, añada el resto del azúcar, tres cucharadas de ron, el resto de la mantequilla y cinco cucharadas de nata y amalgámelo todo bien hasta obtener una mezcla homogénea. Desmolde el bizcocho tibio, recúbralo con el glaseado, deje que se endurezca en un lugar fresco y sírvalo.

LEÑADOR

INGREDIENTES PARA 6 PERSONAS

250 g de chocolate negro

120 g de mantequilla

100 g de harina

100 g de azúcar

50 g de cacao amargo

9 huevos

azúcar glas

sal

TIEMPO DE PREPARACIÓN
1 h y 30 min + 30 min para
que se enfríe

Trabaje cinco yemas con el azúcar hasta obtener un compuesto blanco y espumoso. A continuación, incorpore la harina tamizada y 30 g de cacao.

Monte cinco claras a punto de nieve con una pizca de sal e incorpórelas poco a poco al compuesto de yemas. Luego viértalo todo en un molde untado con mantequilla y cueza al baño María en el horno a 200 °C durante 35 minutos.

Mientras tanto, trocee el chocolate y fúndalo al baño María con la mantequilla, mezcle bien y deje enfriar un poco. Incorpore de una en una el resto de las yemas y el resto de las claras montadas a punto de nieve con una pizca de sal. Deje que se enfríe en la nevera.

Corte por la mitad el bizcocho y rellénelo con la crema. Recompóngalo, colóquelo en una fuente, espolvoréelo con el resto del cacao, decórelo con el azúcar glas (con la ayuda de plantillas de papel) y sírvalo.

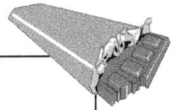

BUDÍN DE PATATAS

INGREDIENTES PARA **6** PERSONAS

500 g de patatas

200 g de nata

100 g de mantequilla

100 g de pasas de Corinto

80 g de azúcar

70 g de piñones

3 huevos

cacao azucarado

canela molida

harina

nuez moscada

sal

TIEMPO DE PREPARACIÓN
1 h y 10 min

Remoje en agua templada las pasas.

Mientras tanto, hierva las patatas, pélelas y páselas por el pasapurés, dejándolas caer en una cacerola. Ponga el recipiente en el fuego y añada 80 g de mantequilla, la nata, una pizca de sal y una cucharada de harina. Mezcle cuidadosamente y luego agregue el azúcar, una pizca de canela, un poco de nuez moscada rallada y las yemas. A continuación, incorpore con delicadeza las claras montadas a punto de nieve. Por último añada los piñones y las pasas bien escurridas y secas.

Engrase con mantequilla un molde, vierta en él la mezcla y hornéela a una temperatura de 180 °C durante 40 minutos.

Acabada la cocción, deje que el dulce se enfríe ligeramente, desmóldelo en una fuente, espolvoréelo con el cacao y sírvalo.

PLUM-CAKE ATIGRADO

INGREDIENTES PARA **8** PERSONAS

200 g de mantequilla

200 g de harina

120 g de almendras molidas

100 g de chocolate negro extra

100 g de azúcar glas

3 huevos grandes

1 sobre de levadura

1 sobre de azúcar vainillado

café soluble

canela molida

ron

sal

TIEMPO DE PREPARACIÓN
1 h y 20 min

Trabaje la mantequilla ablandada y troceada con el azúcar glas y el azúcar vainillado. Añada una pizca de sal, dos cucharadas de café y los huevos de uno en uno, alternándolos con la harina tamizada. A continuación, incorpore una cucharadita de levadura, las almendras, media cucharadita de canela y dos cucharadas de ron, mezclando cuidadosamente hasta obtener un compuesto homogéneo. Por último, agregue el chocolate cortado en escamas.

Vierta la masa en un molde de *plum-cake* engrasado con mantequilla y enharinado, llenándolo en sus tres cuartas partes, y hornéela a 180 °C durante 1 hora.

Deje que se enfríe un poco, desmolde y sirva el *plum-cake* cortado en rebanadas.

ROSCO DE CHOCOLATE

140 g de azúcar

130 g de masa de pan

130 g de patatas

80 g de gotas
de chocolate negro

50 g de manteca de cerdo

5 huevos

azúcar cande

harina

mantequilla

⏱ **Tiempo de preparación**
1 h y 30 min + 13 h para que
repose la masa

Hierva las patatas, pélelas y páselas por el pasa-purés. Añada el azúcar, la masa de pan, los huevos, la manteca de cerdo y las gotas de chocolate. Amase bien, incorporando harina suficiente para obtener una masa bastante blanda; forme una bola, enharínela, envuélvala en una servilleta y deje que repose durante 12 horas. Transcurrido ese tiempo, trabaje la masa durante unos minutos más y luego modélela en forma de rosco y colóquela en un molde con agujero central untado con mantequilla y espolvoreado con harina. Deje reposar el rosco 1 hora en un lugar tibio. Horneéelo a 180 °C durante 40 minutos, hasta que se forme en la superficie una costra dorada. Acabada la cocción, espolvoree el dulce con el azúcar cande y sírvalo tibio o frío.

LA MASA DE PAN

Ingredientes: 500 g de harina, 250-300 ml de agua templada, 1 cubito de levadura de cerveza, sal

Prepare una masa bastante blanda con el agua, 100 g de harina y la levadura desmenuzada. Cúbrala con un paño y déjela reposar durante una noche en un lugar templado. Disponga el resto de la harina en forma de volcán y añádale la masa fermentada, media cucharadita de sal y agua suficiente. Amase de nuevo hasta que aparezcan unas burbujas en la superficie. Forme una bola con la masa, cúbrala y déjela reposar durante 1 hora. Luego vuelva a trabajarla unos minutos para eliminar el aire. Puede dividirla en panecillos y congelarla.

ROSCO BICOLOR

250 g de harina

250 g de azúcar

100 g de mantequilla

3 huevos

1 sobre de levadura

cacao amargo

leche

vermut

⏱ **Tiempo de preparación**
1 h

Trabaje las yemas con el azúcar hasta obtener un compuesto blanco y espumoso. Añada la harina y la levadura tamizadas, la mantequilla ablandada y troceada, ocho cucharadas de leche y dos de vermut, amalgamando bien todos los ingredientes. Monte las claras a punto de nieve e incorpórelas delicadamente a la mezcla.

Divida la masa en dos partes desiguales e incorpore a la más pequeña dos cucharadas de cacao. Vierta en un molde en forma de rosco las dos masas a cucharadas, alternándolas, y horneéelas a 180 °C durante 40 minutos. Sirva el rosco templado o frío.

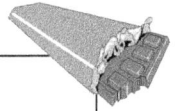

PALOMA PASCUAL

INGREDIENTES PARA 6 PERSONAS

600 g de harina

250 g de mantequilla

150 g de azúcar

100 g de fruta confitada

100 g de gotas
de chocolate negro

1 dl de leche

5 huevos

1 limón

2 cubitos de levadura
de cerveza

azúcar cande

sal

🕐 **TIEMPO DE PREPARACIÓN**

1 h y 40 min + 2 h y 30
min
para que repose la masa

Reserve 100 g de harina, que servirán para enharinar la masa.

En un recipiente bastante alto vierta 2 l de agua y póngala en el fuego hasta que se caliente un poco.

Ponga un cubito y medio de levadura en un cuenco, disuélvalo en un poco de agua templada y amáselo con 50 g de harina. Forme una bola, que deberá quedar bastante dura, y sumérjala durante 10 minutos en el agua templada. Transcurrido ese tiempo, la masa se elevará del fondo y flotará. Dele la vuelta de vez en cuando y deje que flote durante un cuarto de hora más.

Mientras tanto, ponga el resto de la harina en la superficie de trabajo, forme un volcán y ponga en el centro cuatro yemas, una pizca de sal, 150 g de mantequilla ablandada y troceada, el azúcar, la leche caliente y la bola de masa, que entretanto habrá fermentado. Trabaje bien hasta que la masa deje de adherirse a las manos y resulte perfectamente lisa. Forme con esa masa otra bola, enharínela, póngala en un recipiente bastante grande, cúbrala con una servilleta y póngala a reposar en un lugar cálido (a unos 25 °C), evitando corrientes frías. Cuando la masa haya aumentado un tercio del volumen inicial, vuelva a ponerla en la superficie de trabajo, amásela durante 5 minutos y luego incorpore 40 g de mantequilla. Forme otra bola, enharínela, póngala en el recipiente, recúbrala con una servilleta y guárdela en un lugar cálido. Cuando la masa haya aumentado el doble, vuelva a ponerla en la superficie de trabajo, añada 40 g de mantequilla más y trabájela durante otros 5 minutos, incorporando las gotas de chocolate y la fruta confitada y troceada (reserve una guinda).

Unte con mantequilla una placa de horno y modele la masa en forma de paloma. Cúbrala con papel parafinado y déjela fermentar durante media hora más en un lugar cálido. Pinte la superficie con la otra yema batida, espolvoree el azúcar cande y forme el ojo con la guinda.

Deje reposar durante 5 minutos más y hornéela a 190 °C. Al cabo de 10 minutos baje la temperatura a 160 °C, cubra la paloma con papel de horno y déjela dentro durante media hora. Deje que se enfríe por completo antes de servir.

CORONA DE CHOCOLATE

INGREDIENTES PARA 6 PERSONAS

250 g de azúcar

150 g de chocolate negro

150 g de harina

100 g de mantequilla

4 huevos

1 sobre de levadura

sal

TIEMPO DE PREPARACIÓN
1 h y 20 min

Trocee el chocolate y fúndalo a fuego lento con dos cucharadas de agua.

Trabaje las yemas con el azúcar hasta obtener un compuesto blanco y espumoso. A continuación, añádale el chocolate fundido y la harina tamizada junto con un poco de levadura. Mezcle bien e incorpore las claras montadas a punto de nieve con una pizca de sal.

Vierta la masa en un molde de rosco untado con mantequilla y enharinado y hornéela a 160 °C durante 1 hora, colocando junto al molde un recipiente lleno de agua para que el bizcocho se mantenga blando.

Espere a que se enfríe por completo, desmolde la corona en una fuente y sírvala.

PASTEL DE ALMENDRAS

INGREDIENTES PARA 6 PERSONAS

300 g de harina

300 g de almendras peladas y tostadas

100 g de azúcar glas

80 g de mantequilla

80 g de azúcar

50 g de cacao azucarado

7 huevos

1 limón

1 sobre de vainillina

TIEMPO DE PREPARACIÓN
1 h y 20 min

Disponga la harina en forma de volcán en la superficie de trabajo. Con un tenedor bata dos huevos y una yema en un plato hondo junto con el azúcar refinado y la mitad de la ralladura del limón. Vierta el compuesto en el hueco de la harina, añada la mantequilla ablandada y troceada y amase rápidamente con la punta de los dedos. A continuación, forme una bola y déjela reposar durante media hora cubierta con una servilleta.

Mientras tanto, monte las cinco claras a punto de nieve. Pique finas las almendras e incorpórelas a las claras. Añada delicadamente el cacao y el azúcar glas, reservando un poco, el resto de la ralladura y medio sobre de vainillina. Mezcle con cuidado amalgamándolo todo bien.

Extienda la masa en forma de disco en la superficie de trabajo. Unte con mantequilla un molde de aro y espolvoréelo con harina. Fórrelo con el disco de masa y forme un cordón pellizcado en los bordes. Vierta dentro el relleno a base de almendras y nivélelo. Hornéelo a 200 °C durante 45 minutos.

Acabada la cocción, deje enfriar el pastel, espolvoréelo con el resto del azúcar glas y sírvalo.

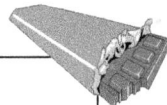

TARTA VIENESA CON NUECES CARAMELIZADAS

INGREDIENTES PARA 6 PERSONAS

300 g de nata

250 g de masa quebrada

230 g de nueces

200 g de chocolate negro

150 g de azúcar

80 g de mantequilla

1 hoja de oro y unas hojas comestibles para decorar

TIEMPO DE PREPARACIÓN
1 h y 15 min

Reserve siete medias nueces y pique las demás. Lleve a ebullición el azúcar con cuatro cucharadas de agua, removiendo a menudo. A continuación, baje la llama y cueza durante 10 minutos, hasta obtener un caramelo. Sumerja en él rápidamente las nueces enteras y déjelas secar sobre papel de horno. Incorpore al caramelo restante la nata montada y, sin dejar de remover, cueza hasta que la mezcla hierva y se espese ligeramente. Retírela del fuego y añada la picada de nueces y una nuez de mantequilla. Deje que se enfríe.

Extienda la masa quebrada formando dos discos, uno más grande que el otro. Forre con el más grande el fondo y los bordes de un molde de aro y vierta en él el relleno. Recubra con el segundo disco, doble la masa sobrante, sellando bien los bordes, y hornéelo a 200 °C durante 40 minutos. Desmolde el pastel sobre una rejilla y déjelo enfriar.

Funda el chocolate troceado con el resto de la mantequilla al baño María y deje que se enfríe un poco.

Recubra la tarta con la crema de chocolate, decórela con las nueces caramelizadas y, poco antes de servir, espolvoree las nueces con fragmentos de oro y decore con las hojas doradas.

DELICIA DE CASTAÑAS AL CACAO

INGREDIENTES PARA 6 PERSONAS

300 g de castañas

300 g de nata

200 g de azúcar

150 g de harina

100 g de pastas de almendra

100 g de almendras peladas y tostadas

80 g de mantequilla

50 g de cacao amargo

2,5 dl de leche

5 huevos

1 sobre de vainillina

bicarbonato sódico

TIEMPO DE PREPARACIÓN

1 h + 2 h para que se enfríe

Hierva las castañas y píquelas finas, reservando las seis más grandes enteras.

En un cuenco grande bata las yemas con el azúcar, la vainillina, la harina y una cucharadita de bicarbonato. Pique las pastas de almendra y las almendras; incorpórelas al compuesto junto a las castañas.

Funda la mantequilla, añada la leche y viértalo todo en el cuenco. Amalgame bien y cree una masa blanda a la que se incorporarán las claras montadas a punto de nieve.

Engrase con mantequilla dos moldes de horno redondos de la misma medida y cueza la masa, dividida en dos, a 180 °C durante 35 minutos.

Deje que se enfríen las dos tartas y luego colóquelas una encima de otra y rellénelas con una capa de nata montada. Recubra el dulce con el resto de la nata montada, espolvoréelo con el cacao y decórelo con las seis castañas a igual distancia, una por cada ración.

Guárdelo en la nevera hasta el momento de servir.

TORTA DE CHOCOLATE Y ALMENDRAS

INGREDIENTES PARA 6 PERSONAS

500 g de harina

150 g de mantequilla

150 g de azúcar

100 g de chocolate negro

50 g de almendras peladas

6 huevos

1 cubito de levadura de cerveza

sal

TIEMPO DE PREPARACIÓN

1 h y 30 min + 9 h para que repose la masa

Disuelva la levadura en un poco de agua templada y luego incorpore 100 g de harina, amáselo todo hasta formar un panecillo que se dejará reposar en un lugar templado durante 1 hora. Cuando haya fermentado bien, amáselo junto con 200 g de harina, 80 g de mantequilla ablandada, dos yemas y 100 g de azúcar. Trabájelo todo bien y luego forme una bola; póngala en un cuenco, cúbrala con una servilleta y vuelva a colocarla en un lugar templado, donde la dejará reposar durante 2 horas.

Una vez transcurrido ese tiempo, vuelva a trabajar la masa con el resto de la harina, de la mantequilla ablandada y del azúcar, tres yemas de huevo y una pizca de sal. Ponga la masa a fermentar por tercera vez, durante 6 horas. Incorpore a la masa el chocolate rallado; modélela en forma de torta, póngala en una fuente de horno untada con mantequilla y enharinada, y píntela con la yema restante batida. Espolvoree la superficie con las almendras cortadas y hornéela a 180 °C durante 1 hora.

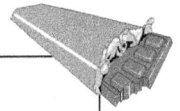

TARTA DE FRUTOS SECOS

INGREDIENTES PARA 6 PERSONAS

750 g de higos secos

90 g de chocolate negro

90 g de miel líquida

80 g de nueces

70 g de almendras peladas y tostadas

70 g de pasas de Corinto

70 g de azúcar

50 g de cidra confitada

50 g de salvado de trigo

50 g de harina integral

50 g de pan rallado

1 naranja

mosto cocido

nuez moscada

canela molida

aceite de oliva virgen extra

TIEMPO DE PREPARACIÓN
1 h y 30 min + 12 h para que repose la masa

Ponga en remojo los higos secos en agua tibia durante una noche.

Al día siguiente póngalos en un recipiente, cúbralos con agua y hiérvalos hasta que queden bien blandos. Escúrralos, píquelos gruesos y póngalos en un cuenco grande. Añada las pasas previamente remojadas en agua templada, la miel, el azúcar, la cidra picada, las nueces y las almendras troceadas, el chocolate rallado, la harina, el salvado y el pan rallado. Por último, aromatice con un poco de nuez moscada rallada, una pizca de canela y la ralladura de la naranja. Amase todos los ingredientes añadiendo 1,4 dl de aceite aproximadamente y el mosto cocido necesario para obtener una mezcla de consistencia media. Amalgame bien todos los ingredientes y vierta la mezcla en una fuente de horno bien untada con aceite.

Hornee la tarta a 160 °C durante 20 minutos aproximadamente, hasta que adquiera un bonito color marrón dorado. Sírvala fría.

CONSEJO ÚTIL

El mosto cocido es una especialidad gastronómica de algunas regiones del sur de Italia. Para prepararlo basta con poner a hervir zumo de uva filtrado hasta obtener una sustancia oscura y muy viscosa. Se emplea tibio y se conserva durante mucho tiempo en frascos herméticos.

ROLLITO DE FRUTOS SECOS

INGREDIENTES PARA 6 PERSONAS

250 g de harina

130 g de mantequilla

130 g de azúcar

100 g de cidra confitada

100 g de nueces

100 g de pasas de Corinto

50 g de chocolate negro

50 g de almendras peladas

50 g de piñones

3 huevos

1 naranja

1 limón

canela molida

clavos de olor

vainilla molida

vino blanco dulce

vino blanco seco

sal

TIEMPO DE PREPARACIÓN

1 h + 30 min para que repose

Tamice la harina en forma de volcán sobre la superficie de trabajo. Ponga en el centro una pizca de sal, 20 g de azúcar, una cucharada de vino blanco seco, una clara y 50 g de mantequilla blanda y troceada. Trabaje hasta obtener una masa blanda y lisa, golpeándola con energía varias veces contra la superficie de trabajo para darle elasticidad. Forme una bola, cúbrala con una servilleta y déjela reposar en un lugar templado durante 1 hora.

Mientras, remoje las pasas en un vaso de vino dulce. Escúrralas sin estrujarlas. Pique las nueces, las almendras y los piñones. Corte la cidra en tiritas y el chocolate en escamas. Ponga todos los ingredientes en un cuenco, añada 80 g de azúcar, mezcle e incorpore 50 g de mantequilla ablandada y troceada y dos yemas.

Bata a punto de nieve las dos claras restantes e incorpórelas al compuesto. Añada la ralladura de media naranja y la del limón. Aromatice con una pizca de vainilla, una de canela y un poco de clavo rallado. Amalgámelo todo cuidadosamente.

Extienda la masa en la superficie de trabajo, ponga el relleno en el centro y forme con ella un largo rollo, sellando bien los extremos. Unte con mantequilla una placa de horno y coloque en ella el rollo envuelto en forma de espiral. Bata en un cuenco pequeño la yema restante con el resto de la mantequilla y el azúcar y extienda esta mezcla en la superficie del dulce. Hornéelo a 180 °C durante media hora, hasta que la superficie quede bien dorada.

Finalmente, saque el dulce del horno, déjelo enfriar y sírvalo.

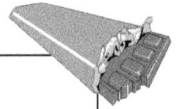

TARTA RELLENA DE NUECES

INGREDIENTES PARA **6** PERSONAS

300 g de harina
300 g de nueces
250 g de miel de acacia
200 g de azúcar
150 g de mantequilla
100 g de chocolate
de cobertura
3 huevos
1 limón
ron blanco
sal

TIEMPO DE PREPARACIÓN
1 h y 10 min + 30 min para
que repose + 2 h para que
se enfríe

Tamice la harina en forma de volcán sobre la superficie de trabajo. Ponga en el centro la mantequilla ablandada y troceada, la mitad del azúcar, las yemas, la ralladura del limón y una pizca de sal. Trabaje los ingredientes añadiendo, si la masa resulta demasiado dura, una cucharada o dos de agua templada. Después de dejar que repose la masa durante media hora, divídala por la mitad y extiéndala en dos discos, uno más grande y otro más pequeño.

Pique finas las nueces y amalgámelas con la miel y una copita de ron.

Forre un molde untado con mantequilla con el disco grande de masa, vierta en él el compuesto y recubra con el disco pequeño, sellando bien los bordes. Hornéelo a 190 °C durante 35 minutos. Acabada la cocción, saque el dulce del horno, déjelo enfriar y extráigalo del molde.

Trocee el chocolate y fúndalo al baño María a fuego muy lento.

En otro cazo eche el resto del azúcar con unas gotas de limón y caliéntelo a fuego lento hasta que quede transparente. Sin dejar de remover, incorpórelo poco a poco al chocolate, remueva durante unos minutos más y extienda la mezcla sobre el dulce, revistiéndolo.

Cuando la cobertura se haya endurecido, coloque la tarta en una fuente y sírvala.

MERIENDA DE CHOCOLATE

INGREDIENTES PARA **4** PERSONAS

120 g de mantequilla
120 g de chocolate con leche
120 g de azúcar
60 g de maicena
2 huevos
leche
sal

TIEMPO DE PREPARACIÓN
1 h

Funda el chocolate al baño María, a fuego muy lento, en tres cucharadas de leche. A continuación, añada la mantequilla troceada. Mezcle bien, incorpore el azúcar y la maicena y remueva hasta obtener una mezcla homogénea. Deje que se enfríe un poco, luego incorpore de una en una las yemas y, por último, las claras montadas a punto de nieve con una pizca de sal.

Unte con mantequilla un molde, vierta en él la masa y hornéela a 180 °C durante media hora. Deje que se enfríe bien y sirva la merienda.

BIZCOCHO GENOVÉS

500 g de harina

120 g de mantequilla

120 g de azúcar

50 g de masa de pan

30 g de gotas
de chocolate negro

30 g de piñones

30 g de pistachos

30 g de pasas de Corinto

30 g de calabaza confitada

semillas de hinojo

agua de azahar

vino seco

sal

TIEMPO DE PREPARACIÓN
1 h y 40 min + 30 h para
que repose

Ponga en la superficie de trabajo la mitad de la harina, añada la masa de pan y una pizca de sal y amase con unas cucharadas de agua templada hasta obtener un panecillo bastante consistente. Póngalo en un cuenco sellado con film transparente y deje que repose en un lugar templado durante 18 horas.

Ponga en la superficie de trabajo el resto de la harina y una pizca de sal, forme un volcán e incorpore en el centro medio vaso de vino dulce, la mantequilla fundida y tibia, una cucharadita de agua de azahar y el azúcar. Mezcle los ingredientes y luego añada la masa ya fermentada y trabájelo todo durante 20 minutos. A continuación, agregue una cucharadita de semillas de hinojo machacadas, los piñones, los pistachos escaldados en agua salada y pelados, las pasas remojadas en agua templada (estrujadas y secas) y, por último, la calabaza confitada troceada y las gotas de chocolate.

Dé a la masa la forma de un pan, colóquela en una placa de horno untada con mantequilla y enharinada y rodéela con un anillo de cartón alto. Cúbrala con una servilleta y ponga la placa en un lugar templado durante medio día.

Transcurrido ese plazo, practique en la superficie del dulce dos cortes en forma de cruz y hornéelo a 180 °C durante 1 hora más o menos, hasta que la superficie esté bien dorada.

Ponga el dulce a enfriar sobre una rejilla y sírvalo frío.

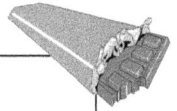

PAN DE ESPECIAS CASERO

INGREDIENTES PARA 6 PERSONAS

200 g de azúcar glas

150 g de harina

150 g de almendras pela-
das y tostadas

150 g de miel

150 g de nueces

80 g de naranja confitada

80 g de cidra confitada

70 g de chocolate negro

15 obleas grandes

1 sobre de azúcar vainillado

canela molida

nuez moscada

semillas de cilantro

TIEMPO DE PREPARACIÓN
1 h y 30 min

En un cuenco reúna las nueces y las almendras troceadas, la cidra y la naranja confitadas cortadas en
tiritas y el chocolate en escamas. Añada luego una
cucharadita de semillas de cilantro, una pizca de
canela, una de nuez moscada y la harina, reservando dos cucharadas.

Ponga el azúcar glas en un cazo, reservando una
cucharada, y añada una cucharada de agua fría y la
miel. A continuación, cueza el almíbar a fuego muy
lento removiendo sin cesar. Cuando el azúcar y la
miel empiecen a formar pequeñas burbujas, coja
un poco de mezcla entre los dedos. Si se forma una
bolita consistente, el almíbar estará listo. Apártelo
del fuego y añádalo a los ingredientes ya mezclados, removiendo hasta obtener una masa homogénea. Forre un molde con las obleas, coloque en él
la mezcla hasta alcanzar una altura no superior a
2 cm y nivele la superficie con la hoja de un cuchillo húmedo. Espolvoree con el resto del azúcar glas
mezclado con la harina restante. Hornéelo a 150 °C
durante media hora.

Cuando el pan de especias esté cocido, sáquelo
del horno y recorte con las tijeras las obleas que so-
bresalgan. Deje que se enfríe, sáquelo del horno,
coloque el pan de especias en una fuente, espolvoree la superficie con el azúcar vainillado y sírvalo.

PAN ESPECIAL

INGREDIENTES PARA 6 PERSONAS

250 g de harina
150 g de miel
120 g de azúcar
100 g de cidra confitada
100 g de chocolate negro
100 g de almendras peladas
100 g de piñones
100 g de pasas de Corinto
semillas de anís
bicarbonato sódico
mantequilla

🕐 TIEMPO DE PREPARACIÓN
1 h y 15 min

En un cuenco mezcle la miel, el azúcar, una pizca de bicarbonato y una cucharada de semillas de anís. Vierta encima 2 dl de agua hirviendo, mezcle y añada poco a poco la harina, trabajando bien la mezcla. A continuación, añada las pasas, las almendras troceadas, la cidra confitada picada, los piñones y el chocolate troceado.

Engrase con mantequilla un molde amplio, vierta la mezcla y hornéela a 190 °C durante 20 minutos aproximadamente.

Sirva el bizcocho frío.

CONSEJO ÚTIL

Bien envuelto en papel de aluminio, el pan especial se conserva durante varios meses.

BIZCOCHO DE LOS ABRUZOS

INGREDIENTES PARA 6 PERSONAS

150 g de chocolate de cobertura
120 g de azúcar
80 g de mantequilla
60 g de almendras peladas
50 g de harina
50 g de fécula
12 almendras amargas
5 huevos

🕐 TIEMPO DE PREPARACIÓN
1 h + 1 h para que se enfríe

Ponga las almendras en un almirez y pulverícelas.

Funda la mantequilla en una cazuela pequeña.

Bata las yemas con el azúcar hasta obtener un compuesto voluminoso y espumoso. A continuación, añada las almendras y, alternándolas entre sí y tamizadas, la harina y la fécula. Por último, incorpore la mantequilla fundida y fría. Monte las claras a punto de nieve e incorpórelas delicadamente al compuesto. Viértalo todo en un molde engrasado con mantequilla y hornéelo a 180 °C durante 40 minutos. Acabada la cocción, deje que se enfríe y saque el dulce del molde.

Trocee el chocolate, fúndalo a fuego lento y viértalo sobre el bizcocho. Extiéndalo uniformemente en una capa fina con una espátula. En cuanto se endurezca la cobertura, traslade el bizcocho a una fuente y sírvalo.

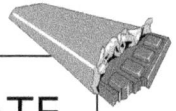

PIÑONES DE CARAMELO Y CHOCOLATE

INGREDIENTES PARA 6 PERSONAS

370 g de azúcar

300 g de harina

200 g de nata

50 g de chocolate negro

20 g de mantequilla

2 dl de leche

10 huevos

1 limón

1 vaina de vainilla

vino dulce

aceite para freír

TIEMPO DE PREPARACIÓN
1 h y 20 min

Ponga la harina en la superficie de trabajo en forma de volcán y casque en el centro cinco huevos enteros y tres yemas, conservando las claras. Añada la mantequilla ablandada y troceada y amase hasta que la harina lo absorba todo. Trabaje la masa añadiendo despacio un vaso de vino dulce. Cuando sea homogénea y esté blanda, forme unos bastoncillos largos del grosor de un dedo y córtelos en pedacitos de 2 cm.

Caliente el aceite y cuando hierva eche los pedacitos de masa y dórelos. Escúrralos sobre una hoja de papel absorbente y traslade la mitad a una fuente de servir, reservando la otra mitad.

Ponga en el fuego 150 g de azúcar y remuévalo con energía, siempre en el mismo sentido, hasta que se vuelva de color caramelo. A continuación, viértalo sobre la masa frita y modele con una cuchara de madera todos los pedacitos en forma de montañita.

Ponga en el fuego 150 g de azúcar y espere a que tome color. Monte las tres claras restantes a punto de nieve, incorpore la ralladura del limón y eche encima el azúcar caramelizado. Remueva enérgicamente hasta que cuajen las claras. Luego vierta poco a poco el compuesto obtenido sobre la montaña de masa.

Caliente a fuego muy lento la leche con la nata y la vainilla. En un cuenco bata dos yemas con 50 g de azúcar hasta obtener una espuma clara. Añada la leche y la nata calientes, después de eliminar la vainilla, y mezcle deprisa hasta que espese.

En otra cazuelita funda, siempre a fuego muy lento, el chocolate rallado con el resto del azúcar y bañe con dos cucharadas de agua. Incorpórelo a la salsa de nata y leche y amalgámelo todo bien. Disponga en forma de montaña en otra fuente de servir los pedacitos de masa restantes y vierta encima, poco a poco, la salsa de chocolate.

Sirva los dos platos de *piñones*, cada uno acompañado de una salsa distinta.

BIZCOCHO DE MANZANA E HIGOS

INGREDIENTES PARA 6 PERSONAS

300 g de harina de maíz

200 g de harina

200 g de mantequilla

200 g de azúcar

50 g de pasas de Corinto

50 g de cidra confitada

50 g de chocolate negro

10 higos secos

1 manzana

1 sobre de levadura

semillas de anís

licor de anís

TIEMPO DE PREPARACIÓN
1 h y 40 min

Macere las pasas en una copita de licor.

Mientras tanto, eche en una cacerola las dos harinas, el azúcar y una cucharadita de levadura. Luego añada 2 dl de agua caliente y ponga el recipiente en el fuego durante 40 minutos, hasta obtener una polenta bastante consistente.

A media cocción añada la mantequilla troceada, las pasas, el licor de remojo, una pizca de semillas de anís, los higos, la cidra confitada y la manzana, todo cortado en trocitos. Termine la cocción, sin dejar de remover, añadiendo en caso necesario más agua caliente.

Deje que se enfríe un poco la mezcla, añada el chocolate en escamas, viértalo todo en una fuente de horno engrasada con mantequilla y hornéelo a 180 °C durante unos 20 minutos, hasta que se forme en la superficie una costra bastante oscura. Deje que el dulce se enfríe y sírvalo.

POLENTA DE BIELLA

INGREDIENTES PARA 6 PERSONAS

150 g de azúcar

130 g de mantequilla

130 g de harina de maíz

50 g de fécula

50 g de gotas
de chocolate negro

30 g de maicena

30 g de almendras

3 huevos

1 limón

azúcar glas

harina

TIEMPO DE PREPARACIÓN
1 h y 20 min

Bata las yemas con el azúcar refinado hasta que adquieran un color claro. A continuación, añada la harina de maíz, la maicena, la fécula, la ralladura del limón, las gotas de chocolate, las almendras picadas y la mantequilla fundida. Trabájelo todo bien hasta obtener un compuesto homogéneo. Por último, incorpore las claras montadas a punto de nieve.

Siga removiendo con delicadeza y vierta el compuesto en un molde ligeramente untado con mantequilla y enharinado. Hornéelo a 160 °C durante 1 hora, hasta que aparezca en la superficie una costra dorada.

Acabada la cocción, deje que se enfríe el dulce, vuélquelo sobre una fuente, espolvoréelo de azúcar glas y sírvalo.

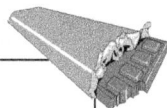

CUATRO CUARTOS DE CHOCOLATE

INGREDIENTES PARA 6 PERSONAS

4 huevos (peso total: 240 g)

240 g de mantequilla

240 g de chocolate negro

240 g de harina

240 g de azúcar

TIEMPO DE PREPARACIÓN
1 h y 15 min

Bata los huevos con el azúcar hasta obtener un compuesto blanco y espumoso. Añada la mantequilla ablandada y troceada y siga mezclando, amalgamándolo bien.

Trocee el chocolate, fúndalo al baño María y añádalo al compuesto. A continuación, incorpore la harina tamizada, amalgamándolo todo bien.

Vierta la masa en un molde bien engrasado y hornéela a 180 °C durante 45 minutos.

Sirva el dulce frío.

REINA DE SABA

INGREDIENTES PARA 8 PERSONAS

250 g de mantequilla

250 g de chocolate negro

250 g de azúcar

130 g de almendra molida

50 g de harina

3 huevos

vainillina

glaseado de chocolate

TIEMPO DE PREPARACIÓN
1 h + 1 h para que se enfríe

Funda por separado la mantequilla y el chocolate troceado, y luego mézclelos. Añada a la mezcla las yemas, de una en una, y, a continuación, la almendra, el azúcar y la harina tamizada, amalgamándolo todo bien.

Unte con mantequilla y azúcar un molde, vierta en él el preparado y hornéelo a 160 °C durante 30-35 minutos.

Deje que el dulce se enfríe por completo, desmóldelo, recúbralo con un espeso glaseado de chocolate y guárdelo en la nevera hasta el momento de servir.

EL GLASEADO DE CHOCOLATE

Ingredientes: 200 g de azúcar glas, 100 g de chocolate negro

Ralle el chocolate y cuézalo con el azúcar glas en 2 dl de agua hasta que forme grandes burbujas. A continuación, retírelo del fuego y siga mezclando hasta obtener una mezcla lisa y cremosa. El glaseado debe utilizarse de inmediato, antes de que se solidifique.

BRAZO DE CHOCOLATE

INGREDIENTES PARA 8 PERSONAS

500 g de bizcocho

450 g de leche condensada azucarada

100 g de mantequilla

100 g de chocolate blanco

100 g de guindas

100 g de azúcar glas

50 g de chocolate de cobertura

50 g de nueces

50 g de pistachos

50 g de azúcar

30 g de fruta confitada variada

🕐 **TIEMPO DE PREPARACIÓN**
50 min + 2 h para que se enfríe + 12 h para que repose

Ponga en una cacerola la leche condensada, el chocolate blanco y 50 g de mantequilla. Mezcle a fuego lento hasta obtener una crema homogénea. A continuación, retírela del fuego y añada el bizcocho previamente pasado por la picadora. Añada luego las guindas cortadas por la mitad, los pistachos, la fruta confitada y las nueces troceadas. Amalgámelo todo bien, ponga la masa sobre una hoja de papel parafinado y modélela en forma de tronco. Envuélvala en el papel y guárdela en la nevera durante una noche.

Al día siguiente funda en un cazo el resto de la mantequilla con el azúcar refinado y dos cucharadas de agua. Llévelo a ebullición, añada el chocolate de cobertura troceado y el azúcar glas y trabájelo hasta obtener una mezcla lisa y homogénea. Deje que se enfríe un poco y recubra con el glaseado el tronco, dibujándole la corteza con los dientes de un tenedor.

Guarde el dulce en la nevera hasta el momento de servir.

TARTA SACHER

INGREDIENTES PARA 8 PERSONAS

230 g de chocolate negro

150 g de harina

150 g de azúcar

100 g de mantequilla

100 g de azúcar glas

6 huevos

gelatina de albaricoque

mermelada de albaricoque

🕐 **TIEMPO DE PREPARACIÓN**
1 h y 10 min + 1 h para que se enfríe

Ralle 150 g de chocolate y fúndalo al baño María. Añada la mantequilla ablandada y mezcle cuidadosamente.

Bata las yemas con el azúcar hasta que queden voluminosas y espumosas. A continuación, amalgámelas con la harina y el chocolate con mantequilla. Monte las claras a punto de nieve e incorpórelas al compuesto con delicadeza.

Viértalo todo en un molde engrasado con mantequilla y hornéelo a 180 °C durante 40 minutos.

Saque la tarta del horno, déjela enfriar, desmóldela y córtela en sentido horizontal. Rellénela con la mermelada y recúbrala con una fina capa de gelatina.

Funda al baño María el resto del chocolate con dos cucharadas de agua caliente, añada el azúcar glas, mezcle enérgicamente hasta obtener una mezcla homogénea y cubra por completo la tarta con el glaseado.

Deje que se enfríe y sírvala.

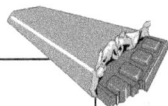

EMBUTIDO DEL PAPA

INGREDIENTES PARA 6 PERSONAS

150 g de galletas

100 g de mantequilla

100 g de azúcar

50 g de cacao amargo

1 huevo

vino seco

ron

🕐 **TIEMPO DE PREPARACIÓN**
30 min + 3 h para que se enfríe

Ponga en un cuenco la mantequilla ablandada y troceada y trabájela junto al azúcar con una cuchara de madera. Cuando haya obtenido una mezcla blanda y cremosa, incorpore la yema, la clara montada a punto de nieve y el cacao, echándolo en forma de lluvia mientras se tamiza. Amalgámelo todo bien, añada las galletas machacadas en el almirez en migas gruesas y aromatice con tres cucharadas de ron y una de vino dulce añadidas gota a gota.

Forme con la masa una especie de embutido y envuélvalo en papel parafinado, apretándolo bien y cerrándolo en los extremos. Deje que se endurezca en la nevera durante 3 horas y sírvalo cortado en rebanadas.

TORTA DE LIVORNO

INGREDIENTES PARA 6 PERSONAS

250 g de harina

80 g de manteca de cerdo

60 g de azúcar

50 g de azúcar glas

30 g de cacao azucarado

1 cubito de levadura de cerveza

1 limón

1 huevo

1 sobre de vainillina

nuez moscada

semillas de anís

sal

🕐 **TIEMPO DE PREPARACIÓN**
30 min + 3 h para que repose

Ponga la harina en un cuenco, añada medio cubito de levadura disuelto en un poco de agua templada y trabaje bien con una cuchara de madera, tratando de obtener una masa bastante consistente y añadiendo más agua en caso necesario. Deje que repose en un lugar templado, cubierto con una servilleta, durante 1 hora. Transcurrido ese plazo, añada el huevo, 70 g de manteca de cerdo, el azúcar refinado, el cacao, una cucharada de semillas de anís, la ralladura del limón, un poco de nuez moscada rallada y una pizca de sal. Trabaje enérgicamente el compuesto sin interrupción durante al menos 10 minutos.

Vierta la masa en un molde rectangular untado con el resto de la manteca, escogiéndolo de un tamaño tal que la torta alcance un espesor de 2 cm. Deje reposar durante 2 horas más el molde cubierto con una servilleta y, a continuación, introdúzcalo en el horno a 180 °C durante media hora.

Acabada la cocción, deje que se enfríe el dulce y desmóldelo sobre una servilleta para que se seque por completo. En el momento de servir traslade la torta a una fuente y espolvoréela con el azúcar glas.

BIZCOCHO DE CERVEZA *STOUT*

INGREDIENTES PARA 6 PERSONAS

300 g de harina

150 g de mantequilla

150 g de azúcar moreno

100 g de pasas de Corinto

70 g de fruta confitada

70 g de nueces

50 g de chocolate negro

4 huevos

cerveza stout

especias variadas molidas
(canela, clavos de olor,
nuez moscada, jengibre)

🕐 **TIEMPO DE PREPARACIÓN**
1 h y 30 min + 12 h para
que repose

En un cuenco trabaje los huevos con la mantequilla ablandada y troceada hasta obtener una crema homogénea. A continuación, incorpore poco a poco la harina.

Pique la fruta confitada y las nueces, y añádalas a la masa junto con las pasas, previamente remojadas en agua templada, el chocolate cortado en escamas y una cucharadita de especias. Incorpore medio vaso de cerveza y mezcle cuidadosamente, amalgamándolo todo bien.

Vierta el compuesto en un molde engrasado con mantequilla y hornéelo a 180 °C durante 1 hora, bajando la temperatura a 160 °C en los últimos 30 minutos. Deje que el dulce se enfríe por completo antes de desmoldarlo.

Vierta el resto de la cerveza en un plato grande y coloque encima el pastel, después de practicar una incisión en la base con la punta de un cuchillo, de forma que el líquido se absorba lentamente. Deje que repose durante toda una noche.

Envuelva el pastel en papel de aluminio y sírvalo al cabo de unos días.

TARTA DE CHOCOLATE

INGREDIENTES PARA 6 PERSONAS

200 g de chocolate negro

120 g de mantequilla

100 g de harina

100 g de azúcar glas

4 huevos

sal

🕐 **TIEMPO DE PREPARACIÓN**
1 h

Trocee el chocolate y fúndalo al baño María. Cuando empiece a fundirse añada la mantequilla, el azúcar (reserve dos cucharadas), la harina tamizada y por último las yemas una por una, removiendo sin cesar.

Monte las claras a punto de nieve con una pizca de sal e incorpórelas a la masa poco a poco.

Vierta el preparado en un molde bien untado con mantequilla y hornéelo a 180 °C durante 40 minutos.

Deje que la tarta se enfríe, desmóldela, espolvoréela con el resto del azúcar y sírvala.

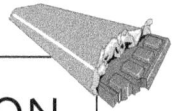

PASTEL DE CHOCOLATE DE MRS. LONDON

INGREDIENTES PARA 6 PERSONAS

360 g de chocolate negro
300 g de nata
150 g de azúcar
6 huevos
cacao amargo
vainilla molida
café fuerte
Kirsch
mantequilla

🕐 **TIEMPO DE PREPARACIÓN**
45 min + 4 h para que se enfríe

Funda al baño María la mitad del chocolate troceado y mézclelo con las yemas bien batidas. A continuación, añada una cucharada de café y una cucharadita de vainilla. En un cuenco monte las claras a punto de nieve, añadiendo gradualmente el azúcar. Incorpórelos a la crema de chocolate de cucharada en cucharada.

Divida el compuesto en dos partes y viértalo en dos moldes untados con mantequilla de 15 cm de alto, que se llenarán sólo hasta la mitad. Hornéelos a 190 °C durante 15-18 minutos (el compuesto tenderá a aumentar de volumen mientras esté en el horno y volverá a bajar en cuanto lo saque). Vuelque los moldes y saque los dos panecillos.

Monte la nata sin que se vuelva demasiado sólida e incorpórela con delicadeza al resto del chocolate fundido al baño María.

Extienda un panecillo en el fondo de un molde de aro, báñelo con el *kirsch* y recúbralo con una capa de nata y chocolate (un tercio). Ponga el segundo panecillo sobre el relleno (debería llegar justo debajo del borde del molde) y extienda encima otro tercio de nata. Introdúzcalo en la nevera durante 4 horas. Poco antes de sacarlo a la mesa desmolde el pastel en una fuente y recubra los bordes con el resto de la nata. Espolvoréelo con el cacao y sírvalo.

PASTEL DE CHOCOLATE DE NANCY

INGREDIENTES PARA 6 PERSONAS

250 g de chocolate negro
200 g de mantequilla
200 g de azúcar glas
120 g de almendra molida
100 g de harina
2 dl de leche
6 huevos
1 sobre de vainillina
sal

🕐 **TIEMPO DE PREPARACIÓN**
30 min

En una cacerola funda a fuego lento el chocolate troceado con la leche. A continuación, añada medio sobre de vainillina y la mantequilla troceada. Mezcle cuidadosamente y añada la harina y el azúcar. Retírelo del fuego y deje que se enfríe un poco.

Bata las yemas con la almendra e incorpórelas a la mezcla. Añada con delicadeza las claras montadas a punto de nieve con una pizca de sal.

Viértalo todo en un molde bastante amplio bien engrasado con mantequilla y hornéelo a 180 °C durante 10 minutos. Sáquelo del horno cuando los bordes del bizcocho estén cocidos pero el centro aún resulte blando. Deje que se enfríe el pastel, desmóldelo en una fuente y sírvalo.

PASTEL DE CHOCOLATE Y CANELA

INGREDIENTES PARA 6 PERSONAS

220 g de chocolate negro

100 g de mantequilla

100 g de azúcar glas

90 g de maicena

3 huevos

café soluble

canela

leche

sal

TIEMPO DE PREPARACIÓN
45 min

Trocee el chocolate y fúndalo al baño María con dos cucharadas de leche.

Trabaje la mantequilla con el azúcar hasta obtener una mezcla blanca y espumosa. A continuación, añada las yemas de una en una, el chocolate, la maicena, una cucharadita de canela y otra de café. Por último, incorpore delicadamente las claras montadas a punto de nieve con una pizca de sal y amalgámelo todo bien.

Vierta el compuesto en un molde engrasado con mantequilla y cuézalo al baño María en el horno a 180 °C durante media hora.

Sirva el dulce templado o frío.

PASTEL DE CHOCOLATE Y NUECES

INGREDIENTES PARA 6 PERSONAS

150 g de nueces

120 g de harina

100 g de mantequilla

100 g de chocolate negro

80 g de azúcar glas

50 g de fécula

1 huevo

1 sobre de levadura

1 sobre de vainillina

cacao amargo

leche

licor aromático

sal

TIEMPO DE PREPARACIÓN
1 h

Trocee el chocolate y fúndalo al baño María.

Monte la mantequilla ablandada hasta que adquiera la consistencia de una crema e incorpore 60 g de azúcar y una cucharada de cacao. Añada el huevo, la vainillina, media copita de licor, una pizca de sal y el chocolate fundido y tibio. Amalgámelo todo bien.

Mezcle la harina, la fécula y medio sobre de levadura, y luego tamícelas sobre el compuesto de chocolate alternándolas con un poco de leche fría, a fin de obtener un compuesto con la consistencia de un puré.

Pique finas 100 g de nueces y añádalas al compuesto. A continuación, viértalo en un molde engrasado con mantequilla y enharinado. Nivele la superficie y hornéelo a 180 °C durante 40 minutos.

Deje que se enfríe, espolvoréelo con el resto del azúcar, decórelo con el resto de las nueces y sírvalo.

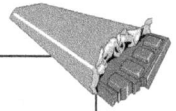

PASTEL DE CHOCOLATE RELLENO

INGREDIENTES PARA **6** PERSONAS

200 g de requesón

100 g de chocolate negro

100 g de azúcar glas

80 g de cacao amargo

50 g de mantequilla

50 g de azúcar

30 g de harina

30 g de maicena

5 huevos

1 vaina de vainilla

1 hoja de oro comestible

1 ramita de hiedra

TIEMPO DE PREPARACIÓN
1 h + 4 h para que se enfríe

Trabaje la mantequilla ablandada y troceada con el azúcar glas y, a continuación, incorpore el chocolate rallado, la vainilla, la maicena y la harina. Monte tres claras a punto de nieve y añádalas a la mezcla.

Vierta la masa en un molde untado con mantequilla y enharinado y hornéela a 180 °C durante media hora. Saque el pastel del horno, desmóldelo y déjelo enfriar sobre una rejilla.

Bata dos yemas con el azúcar e incorpore el requesón y 30 g de cacao. Agregue dos claras montadas a punto de nieve.

Corte el bizcocho por la mitad y rellénelo con dos tercios de crema de requesón, vuelva a montarlo y cúbralo con el resto de la crema. Introdúzcalo en el frigorífico durante al menos 4 horas.

En el momento de servir espolvoree el pastel con el resto del cacao y decórelo con pedacitos de oro y la ramita de hiedra.

PASTEL DE CHOCOLATE, REQUESÓN Y NARANJA

INGREDIENTES PARA **6** PERSONAS

150 g de azúcar

100 g de cacao amargo

100 g de requesón

50 g de harina de arroz

5 huevos

1 naranja

mantequilla

harina

azúcar glas

leche

ron

sal

TIEMPO DE PREPARACIÓN
1 h y 10 min

En una cacerola pequeña disuelva la harina de arroz en un vaso de leche. Póngala en el fuego y cuézala suavemente, removiendo sin cesar y añadiendo si fuese necesario más leche hasta obtener una crema bastante suave. Retírela del fuego y déjela enfriar.

Ponga en un cuenco el cacao con el requesón y, trabajando con un batidor de varillas, añada el azúcar, las yemas de una en una y la crema de arroz y leche. Amalgame bien y aromatice con la ralladura de la naranja, una pizca de sal y una cucharada de ron. Por último, incorpore delicadamente las claras montadas a punto de nieve.

Vierta la mezcla en un molde untado con mantequilla y enharinado y hornéela a 220 °C durante 40 minutos.

Acabada la cocción, deje enfriar por completo el pastel, desmóldelo sobre la fuente de servir, espolvoréelo con azúcar glas y sírvalo.

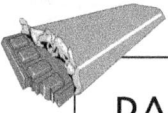

PASTEL AMARGO

INGREDIENTES PARA 6 PERSONAS

300 g de chocolate negro

250 g de mantequilla

150 g de avellanas

30 g de harina

30 g de maicena

7 huevos

azúcar glas

TIEMPO DE PREPARACIÓN
30 min

Trocee el chocolate y fúndalo al baño María. Échele la mantequilla ablandada y troceada. Trabájelo todo con un batidor de varillas hasta obtener una crema homogénea. Deje que se enfríe un poco.

Bata las yemas (reserve cinco claras) e incorpórelas a la crema. A continuación, añada la harina, la maicena y las avellanas pulverizadas. Monte las claras reservadas a punto de nieve e incorpórelas delicadamente al compuesto.

Vierta la masa en un molde untado con mantequilla y enharinado y hornéela a 180 °C durante un cuarto de hora.

Deje que se enfríe el dulce, desmóldelo, espolvoréelo con azúcar glas y sírvalo.

PASTEL AUSTRIACO

INGREDIENTES PARA 6 PERSONAS

140 g de chocolate negro

120 g de harina

120 g de azúcar glas

100 g de mantequilla

3 huevos bastante grandes

1 sobre de levadura

TIEMPO DE PREPARACIÓN
1 h y 30 min

Trocee el chocolate y fúndalo a fuego lento con un poco de agua. Trabaje las yemas con el azúcar hasta obtener un compuesto blanco y espumoso. A continuación, amalgámelas con la mantequilla fundida, la harina tamizada, el chocolate y la levadura. Monte las claras a punto de nieve con una pizca de sal e incorpórelas delicadamente al compuesto.

Viértalo todo en un molde untado con mantequilla y hornéelo a 170 °C durante 1 hora.

Desmolde el dulce aún caliente y sírvalo templado o frío.

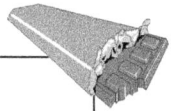

PASTEL DE BRABANTE

INGREDIENTES PARA 6 PERSONAS

250 g de ciruelas secas
deshuesadas

200 g de harina

150 g de miga de pan

120 g de miel

100 g de pasas de Corinto

60 g de mantequilla

50 g de chocolate negro

50 g de almendras peladas
y tostadas

1 sobre de levadura

coñac

leche

sal

TIEMPO DE PREPARACIÓN
1 h y 20 min + 1 h para
que repose

Remoje las ciruelas y las pasas durante 1 hora en agua tibia. Ponga la miga de pan en un cuenco y báñela con la leche.

Escurra las ciruelas, córtelas en pedacitos y reúnalas en un cuenco con las almendras troceadas, el chocolate cortado en escamas y las pasas y la miga de pan escurridas.

Ablande la mantequilla hasta que casi se haya fundido y, a continuación, añada la harina, la miel, la levadura y una copita de coñac. Incorpore la masa obtenida a la mezcla de fruta y pan, sazone ligeramente y amalgámelo todo bien.

Unte con mantequilla un molde, coloque la mezcla y hornéela a 180 °C durante 50 minutos.

Acabada la cocción, deje que el pastel se enfríe por completo, colóquelo en una fuente y sírvalo.

PASTEL DE CACAO CON NATA

INGREDIENTES PARA 6 PERSONAS

150 g de azúcar

100 g de fruta confitada

100 g de harina

100 g de nata

50 g de cacao amargo

50 g de fécula

7 huevos

1 sobre de vainillina

1 limón

mantequilla

sal

TIEMPO DE PREPARACIÓN
1 h

Bata los huevos con el azúcar hasta obtener un compuesto espumoso.

Añada una pizca de sal, la vainillina, la mitad de la fruta confitada y la ralladura del limón. A continuación, incorpore la harina tamizada con la fécula y el cacao. Mezcle cuidadosamente, amalgamando bien todos los ingredientes.

Vierta el compuesto en un molde untado con mantequilla y enharinado, nivele la superficie y hornéelo a 180 °C durante 40 minutos.

Deje que se enfríe por completo, recubra el pastel con la nata montada, decórelo con el resto de la fruta confitada y sírvalo.

PASTEL DE ZANAHORIAS Y CHOCOLATE

INGREDIENTES PARA 6 PERSONAS

150 g de mantequilla

100 g de chocolate negro

100 g de harina

100 g de almendras peladas

100 g de azúcar

5 zanahorias

4 huevos

1 sobre de levadura

crema de chocolate

sémola

azúcar glas

TIEMPO DE PREPARACIÓN
1 h y 20 min

Trabaje la mantequilla ablandada con el azúcar hasta obtener una crema suave y voluminosa. Añada los huevos uno por uno, las zanahorias ralladas, las almendras picadas, la harina, la levadura, dos cucharadas de sémola y el chocolate rallado, amalgamando bien todos los ingredientes.

Vierta la mezcla en un molde redondo untado con mantequilla y enharinado y hornéela a 180 °C durante 50 minutos. Compruebe la cocción introduciendo en el bizcocho un palillo, que deberá salir perfectamente limpio. Saque el pastel del horno y déjelo enfriar en el molde.

Antes de servir desmóldelo en una fuente, recúbralo con crema de chocolate y espolvoréelo con azúcar glas.

LA CREMA DE CHOCOLATE

Ingredientes: 200 g de azúcar, 100 g de chocolate negro, 80 g de harina, 6 dl de leche, 5 huevos, 1 vaina de vainilla

En un cuenco trabaje el azúcar con los huevos hasta obtener una crema clara y suave. Añada poco a poco la harina, removiendo cuidadosamente y, a continuación, el chocolate pulverizado y, poco a poco, la leche hirviendo. Por último, añada un pedacito de vainilla. Traslade la crema a un cazo y cuézala a fuego muy lento, removiendo sin cesar. Cuando la crema empiece a hervir, retírela del fuego y trabájela durante unos minutos con una espátula de madera. Vuelva a poner la cacerola en el fuego y lleve nuevamente a ebullición. Retírela otra vez del fuego y trabaje la crema durante un poco más de tiempo. Elimine la vainilla. Deje que se enfríe un poco antes de utilizarla.

PASTEL DE CHOCOLATE Y ARROZ INFLADO

INGREDIENTES PARA 6 PERSONAS

400 g de arroz inflado

200 g de chocolate negro

50 g de azúcar glas

2 dl de leche

mantequilla

TIEMPO DE PREPARACIÓN
30 min + 2 h para que se enfríe

Trocee el chocolate y fúndalo al baño María con la leche y dos nueces de mantequilla. Retírelo del fuego y añada el arroz inflado y el azúcar glas. Mezcle cuidadosamente hasta obtener una mezcla homogénea y viértala en un molde, nivelando bien la superficie.

Meta el dulce en la nevera. Al cabo de 2 horas, desmóldelo en un plato y sírvalo.

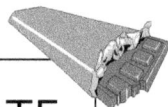

PASTEL DE BERENJENAS Y CHOCOLATE

INGREDIENTES PARA 6 PERSONAS

1 kg de berenjenas

450 g de chocolate negro

200 g de azúcar

100 g de pastas de almendra

50 g de cidra confitada

50 g de almendras pela-
das y tostadas

50 g de pieles
de naranja confitadas

5 dl de leche

6 huevos

1 limón

canela molida

harina

licor de chocolate

sal

aceite para freír

🕐 TIEMPO DE PREPARACIÓN
40 min + 1 h para que re-
pose
+ 2 h para que se enfríe

Bata en un plato dos huevos enteros.

Pele las berenjenas, córtelas en rodajas, sazónelas y déjelas reposar durante 1 hora para que pier-
dan el agua amarga. Séquelas, páselas primero por
la harina y luego por los huevos batidos y fríalas en
aceite hirviendo. Escúrralas cuando estén bien doradas sobre papel absorbente y páselas por una
mezcla preparada con la mitad del azúcar, una cucharada de canela y la ralladura del limón.

Pique las almendras, desmigue las pastas, trocee
la fruta confitada y 100 g de chocolate y amalgámelo todo ligándolo con una copita de licor.

Caliente la leche y disuelva en ella la otra mitad
del azúcar y el resto del chocolate rallado. Añada
una por una cuatro yemas y, sin parar de remover,
cueza hasta obtener una crema bastante espesa.
Eche en una fuente de horno una capa de crema y
disponga encima una capa de berenjenas y luego
una de mezcla de fruta confitada, pastas de almendra, almendras y chocolate, prosiguiendo hasta
agotar los ingredientes. Se terminará con la crema.

Guarde el dulce en la nevera tapado hasta el
momento de servir.

PASTEL DE AVELLANAS Y CHOCOLATE

INGREDIENTES PARA 6 PERSONAS

300 g de avellanas tostadas

300 g de azúcar

100 g de mantequilla

100 g de chocolate negro

6 huevos

1 sobre de levadura

harina

🕐 TIEMPO DE PREPARACIÓN
1 h

Pique finas las avellanas y ralle el chocolate.

Monte las claras a punto de nieve, incorpore las
yemas y siga montando. A continuación, añada el
azúcar, el chocolate, la mantequilla ablandada y
troceada, una cucharada de harina y medio sobre
de levadura. Amalgame delicadamente todos los
ingredientes y luego añada la picada de avellanas y
siga trabajando el compuesto.

Engrase con mantequilla un molde, espolvoréelo con harina, vierta en él la masa y hornéela a
180 °C durante media hora. Acabada la cocción,
deje que se enfríe el pastel, desmóldelo en una
fuente y sírvalo.

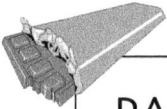

PASTEL DE PAN CON CHOCOLATE

INGREDIENTES PARA 6 PERSONAS

1 kg de pan de la víspera

200 g de pastas de almendra

150 g de chocolate negro

1 l de leche

1 sobre de azúcar vainillado

azúcar

cacao amargo

TIEMPO DE PREPARACIÓN
1 h y 15 min

Lleve la leche a ebullición. A continuación, viértala en un cuenco en el que habrá colocado el pan cortado en rebanadas. Deje macerar durante 10 minutos y luego trabájelo todo con una cuchara de madera hasta obtener una masa suave y lisa. Sin dejar de remover añada el azúcar vainillado, el chocolate troceado y las pastas de almendra pulverizadas. Amalgame bien y deje reposar durante un cuarto de hora.

Vierta la mezcla en una fuente de horno, espolvoree la superficie con una mezcla de azúcar y cacao y hornéela a 180 °C durante 40 minutos.

Puede servir este pastel tanto templado como frío.

PASTEL DE PATATAS

INGREDIENTES PARA 6 PERSONAS

700 g de patatas grandes y harinosas

100 g de azúcar

70 g de almendras peladas

50 g de cacao azucarado

30 g de mantequilla

5 huevos

3 almendras amargas

1 limón

pan rallado

sal

TIEMPO DE PREPARACIÓN
1 h y 30 min

Cueza al vapor las patatas, pélelas y páselas por el pasapurés cuando aún estén bien calientes.

Machaque muy finas las almendras con el azúcar, mézclelas con las patatas, añada una pizca de sal, aromatice con un poco de ralladura de limón y trabájelo todo largo rato. Añada los huevos de uno en uno y, por último, incorpore la mantequilla fundida.

Vierta el compuesto en un molde untado con mantequilla y espolvoreado con pan rallado y hornéelo a 160 °C durante 40 minutos.

Sirva el pastel frío.

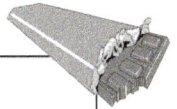

PASTEL DE PATATAS Y CHOCOLATE

INGREDIENTES PARA 6 PERSONAS

200 g de azúcar
150 g de harina
150 g de patatas
80 g de chocolate negro
60 g de mantequilla
60 g de almendras peladas
1 dl de leche
1 huevo
1 sobre de levadura
1 sobre de vainillina
azúcar glas
sal

🕐 **TIEMPO DE PREPARACIÓN**
1 h y 10 min

Cueza las patatas, pélelas y páselas por el pasa-purés. Funda, por separado, el chocolate y la mantequilla al baño María.

Mezcle en un cuenco la mantequilla fundida con el azúcar, añada la yema, el chocolate, el puré de patatas, la leche, la harina, la levadura, las almendras picadas y la vainillina. Amalgámelo todo e incorpore la clara montada a punto de nieve con una pizca de sal.

Engrase con mantequilla un molde, enharínelo, vierta en él la mezcla, nivélela e introdúzcalo en el horno a 180 °C durante 35 minutos. Deje que se enfríe, desmolde el dulce en una fuente, espolvoréelo con azúcar glas y sírvalo.

PASTEL DE REQUESÓN Y CHOCOLATE

INGREDIENTES PARA 6 PERSONAS

300 g de harina
250 g de requesón muy fresco
250 g de azúcar
100 g de chocolate negro
3 huevos
1 limón
1 sobre de levadura
azúcar glas
mantequilla

🕐 **TIEMPO DE PREPARACIÓN**
45 min

En un cuenco trabaje bien el requesón con el azúcar. A continuación, añada las yemas y, sin dejar de remover, la harina, el chocolate rallado, la ralladura del limón y la levadura. Monte las claras a punto de nieve e incorpórelas delicadamente al compuesto.

Viértalo todo en un molde untado con mantequilla y hornéelo a 180 °C durante 40 minutos.

Acabada la cocción, deje que se enfríe el pastel, trasládelo a una fuente, espolvoréelo con azúcar glas y sírvalo.

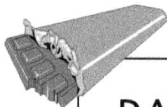

PASTEL FLORENTINO

INGREDIENTES PARA **8** PERSONAS

700 g de azúcar

600 g de harina

420 g de mantequilla

230 g de cacao amargo

1 l de leche

5 huevos

azúcar glas

TIEMPO DE PREPARACIÓN
1 h y 15 min + 1 h para
que se enfríe

Ponga 500 g de harina en forma de volcán en la superficie de trabajo y eche en el centro 300 g de mantequilla ablandada y troceada, 150 g de azúcar y 100 g de cacao. Amase con una espátula de hierro y deje reposar la masa durante media hora cuando esté bien amalgamada. Forme con ella cuatro láminas cuadradas de 1 cm de espesor y 30 cm de lado. Extienda las láminas sobre cuatro placas de horno untadas con mantequilla y enharinadas y hornéelas a 180 °C durante un cuarto de hora. Sáquelas del horno y déjelas enfriar.

Trabaje en un cazo cinco yemas (reserve una clara) con 200 g de azúcar, 100 g de harina, el resto de la mantequilla ablandada y 10 g de cacao, añada la leche y lleve a ebullición, sin dejar de remover. Deje que hierva durante 10 minutos y retírelo del fuego.

Unte con esta crema tres cuadrados de masa, superpóngalos y cubra con el cuarto.

En una cacerola hierva 1 dl de agua con el resto del azúcar durante 10 minutos. Vierta el almíbar en un plato grande y remuévalo con una espátula hasta obtener una pasta blanca y sólida. Devuélvalo a la cacerola, añada el resto del cacao y caliente al baño María, removiendo sin cesar. Cuando la mezcla se vuelva líquida échela sobre el dulce y recúbralo.

Bata media clara con dos cucharadas de azúcar glas hasta obtener un compuesto espumoso, viértalo en una pequeña manga pastelera y decore el pastel con una red de rombos. Complete echando una gota de compuesto en el centro de cada rombo.

Conserve el pastel en un lugar fresco hasta el momento de servirlo.

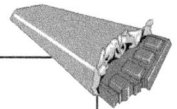

PASTEL GOLOSO

INGREDIENTES PARA 6 PERSONAS

300 g de harina

150 g de chocolate negro

150 g de azúcar

100 g de mantequilla

2 dl de leche

3 huevos

1 sobre de levadura

sal

TIEMPO DE PREPARACIÓN
1 h

Funda la mantequilla al baño María e incorpórela a las yemas batidas con el azúcar. Agregue la leche, la harina, una pizca de sal y el chocolate picado grueso. Mezcle bien. Añada las claras montadas a punto de nieve con un poco de sal y, por último, la levadura tamizada. Trasládelo todo a un molde untado con mantequilla y enharinado y hornéelo a 180 °C durante 40 minutos. Deje que se enfríe, desmóldelo y sírvalo.

PASTEL ARENOSO

INGREDIENTES PARA 6 PERSONAS

300 g de fécula

250 g de mantequilla

200 g de azúcar

50 g de cacao azucarado

3 huevos

1 sobre de levadura

1 sobre de vainillina

pan rallado

sal

TIEMPO DE PREPARACIÓN
50 min

Trabaje largo rato la mantequilla ablandada y troceada con el azúcar, y cuando esté blanda y bien montada incorpore las yemas. A continuación, añada la fécula tamizada, el cacao y una pizca de levadura. Amalgame bien el compuesto y, al final, agregue delicadamente las claras montadas a punto de nieve con una pizca de sal.

Cuando el compuesto resulte perfectamente homogéneo viértalo en un molde untado con mantequilla y espolvoreado con pan rallado; hornéelo a 180 °C durante media hora.

Acabada la cocción, saque el pastel del horno, deje que se enfríe por completo, desmóldelo y sírvalo.

PASTEL DE CHOCOLATE

INGREDIENTES PARA 6 PERSONAS

200 g de harina

200 g de harina de maíz

200 g de almendras peladas

200 g de azúcar

100 g de mantequilla

100 g de manteca de cerdo

50 g de chocolate negro

2 huevos

1 limón

TIEMPO DE PREPARACIÓN
1 h y 20 min

Ponga en la superficie de trabajo las dos harinas tamizadas y añada las almendras picadas, el chocolate en escamas, el azúcar (reserve tres cucharadas), la ralladura del limón, las yemas y, por último, la mantequilla y la manteca ablandadas y troceadas. A continuación, trabaje todos los ingredientes de forma que la masa no resulte homogénea, sino que forme grumos.

Coloque la masa en una fuente de horno untada con mantequilla, sin presionarla, y hornéela a 180 °C durante 1 hora.

Acabada la cocción, deje que el pastel se enfríe por completo, espolvoréelo con el azúcar sobrante y sírvalo.

TRONCO DE NAVIDAD CON CACAO

INGREDIENTES PARA 6 PERSONAS

300 g de azúcar glas

250 g de mantequilla

150 g de harina

100 g de cacao amargo

9 huevos

glaseado de azúcar,
pasta de almendras
y merengues para decorar

sal

TIEMPO DE PREPARACIÓN
1 h y 20 min

Trabaje cinco yemas con la mitad del azúcar hasta obtener una crema blanca y espumosa. A continuación, añada progresivamente la harina tamizada, removiendo con cuidado.

Monte cinco claras a punto de nieve con una pizca de sal e incorpórelas poco a poco al compuesto de yemas.

Extienda la masa en una placa de horno untada con mantequilla hasta formar una lámina de 1,5 cm de espesor y hornéela a 180 °C durante un cuarto de hora. Cuando la superficie tome color, saque el bizcocho del horno y trasládelo de inmediato a una servilleta húmeda. Envuélvalo y deje que se enfríe.

Mientras tanto, prepare un almíbar a fuego lento mezclando el resto del azúcar con seis cucharadas de agua y, sin dejar de remover, añada las demás yemas batidas. Deje que se enfríe y agregue el cacao y la mantequilla ablandada y troceada. Amalgámelo todo bien.

Desenvuelva el bizcocho de la servilleta, córtelo por la mitad en sentido horizontal y rellénelo con una parte de la crema. A continuación, vuelva a componerlo y colóquelo en una fuente de servir. Corte los extremos al bies y recúbralo por completo con el resto de la crema. Antes de servir decore el tronco con glaseado de azúcar, hojitas de pasta de almendras y pequeñas setas de merengue.

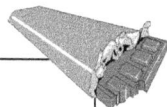

BIZCOCHO FRÍO DE MARRASQUINO

INGREDIENTES PARA 6 PERSONAS

500 g de nata

250 g de bizcocho

100 g de chocolate negro

100 g de azúcar

50 g de cidra confitada

50 g de guindas

50 g de azúcar glas

20 g de mantequilla

3 hojas de gelatina

cacao amargo

leche

marrasquino

TIEMPO DE PREPARACIÓN
1 h + 5 h para que se
enfríe

Ponga las hojas de gelatina en un cuenco y recúbralas con agua templada.

En una cacerola pequeña funda a fuego lento la mantequilla y añada una cucharada de cacao, tres de agua y, poco a poco, el azúcar refinado. Amalgame bien todos los ingredientes. Cueza el almíbar durante unos 5 minutos, removiéndolo con una cuchara de madera y luego retírelo del fuego.

Escurra las hojas de gelatina, añádales tres cucharadas de agua y disuélvalas despacio en un cazo a fuego muy lento.

Corte el bizcocho en rebanadas rectangulares de 1,5 cm de espesor y empléelas para forrar el fondo y las paredes de un molde de pastel (reserve algunas para cerrar el dulce). A continuación, bañe rebanadas con marrasquino diluido en un poco de leche.

Monte la nata e incorpore delicadamente la gelatina y el azúcar glas.

A la mitad de la nata incorpórele el almíbar preparado, poco a poco, siempre removiendo con delicadeza. Vierta la mezcla en el molde y cúbrala con la mitad de la fruta confitada y la mitad del chocolate troceados.

Incorpore delicadamente al resto de la nata la fruta confitada y el chocolate restantes, también troceados, y viértalo todo en el molde. Nivele la superficie, cubra con las rebanadas de bizcocho restantes, bañe el dulce con un poco de marrasquino y leche e introdúzcalo en la nevera durante al menos 5 horas.

En el momento de servir pase rápidamente el molde por agua templada y vuélquelo sobre una fuente de servir.

EL GLASEADO DE AZÚCAR

Para obtener el glaseado clásico, amase azúcar glas con un cuarto o poco más de su peso de agua hirviendo, hasta obtener una papilla de cierta consistencia. Utilice el glaseado de inmediato, antes de que se enfríe.

BEBIDAS

BARBAGLIATA

INGREDIENTES PARA 4 PERSONAS

30 g de cacao amargo

azúcar

café

leche

🕐 TIEMPO DE PREPARACIÓN
15 min

Lleve a ebullición dos tazas escasas de agua en las que habrá disuelto el cacao. A continuación, viértalo todo en una cacerola de acero inoxidable junto con dos tazas de café y dos de leche. Caliente la mezcla a fuego lento trabajándola enérgicamente y añada azúcar al gusto. Cuando en la superficie se forme una fina capa blanca, retírela del fuego y sírvala. En los meses calurosos la *barbagliata* también es excelente fría, pero no helada.

CHOCOLATE A LA NARANJA

INGREDIENTES PARA 4 PERSONAS

100 g de chocolate negro

3,5 dl de leche

1 naranja

1 vaina de vainilla

1 rama de canela

canela molida

🕐 TIEMPO DE PREPARACIÓN
15 min

Ponga en un cazo el chocolate troceado, la mitad de la ralladura de la naranja (corte la otra mitad en pedacitos), una cucharadita de canela y unas cucharadas de leche. Cueza a fuego lento, removiendo sin cesar, hasta que el chocolate se funda por completo. A continuación, añada el resto de la leche y lleve a ebullición, sin dejar de remover. Decore el chocolate con los pedacitos de piel de naranja y trocitos de canela en rama.

CHOCOLATE A LA INGLESA

INGREDIENTES PARA 4 PERSONAS

50 g de azúcar

30 g de cacao amargo

7,5 dl de leche

té

🕐 TIEMPO DE PREPARACIÓN
10 min

Prepare un buen té azucarado.

Diluya el cacao en la leche (echándolo poco a poco) y añada el azúcar.

Seguidamente mezcle el té con el chocolate y sírvalo en grandes vasos con uno o dos cubitos de hielo.

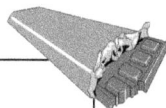

CHOCOLATE AMARGO SUIZO

INGREDIENTES PARA 4 PERSONAS

30 g de cacao amargo

7 dl de leche

nata

TIEMPO DE PREPARACIÓN
10 min

Diluya a fuego lento el cacao en 5 dl de leche y, cuando el chocolate haya adquirido una consistencia homogénea, añada el resto de la leche. Luego incorpore cuatro cucharadas de nata, mezcle enérgicamente y sirva.

CHOCOLATE AROMÁTICO

INGREDIENTES PARA 4 PERSONAS

100 g de chocolate negro

1 vaina de vainilla

1 limón

canela molida

fécula (o maicena)

azúcar

leche

TIEMPO DE PREPARACIÓN
10 min

Funda en un cazo el chocolate troceado con un poco de leche. A continuación, añada más leche, un pedacito de la vaina de vainilla, una pizca de canela, la ralladura del limón y azúcar al gusto. Disuelva aparte, en un poco de leche, una pizca de fécula (o de maicena) e incorpórela a la mezcla. Lleve a ebullición y sirva el chocolate muy caliente.

CHOCOLATE BRASILEÑO

INGREDIENTES PARA 4 PERSONAS

30 g de cacao amargo

7,5 dl de leche

café

nata montada para servir

TIEMPO DE PREPARACIÓN
20 min

Diluya el cacao en media taza de café muy fuerte y lleve a ebullición. Añada luego la leche hirviendo y mezcle enérgicamente. Póngalo 10 minutos al baño María. Puede servir el chocolate con un poco de nata montada.

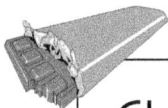

CHOCOLATE CLÁSICO

INGREDIENTES PARA 4 PERSONAS

cacao amargo

azúcar

leche o nata

canela o licor

TIEMPO DE PREPARACIÓN
10 min

Lo primero que debe hacerse es preparar la pasta de cacao. Para ello, añada al cacao el azúcar (las proporciones varían según las preferencias personales, pero para cuatro tazas comience probando con cuatro cucharaditas de cacao y cuatro o cinco de azúcar) y un poco de líquido a su elección (leche o nata, o ambas). A continuación, caliéntelo todo a fuego lento, sin dejar de remover, hasta que los ingredientes se amalgamen y la mezcla resulte fluida y sin grumos. Luego añada la leche o la nata restantes y siga removiendo hasta que el líquido esté bien caliente. Antes de que el cacao comience a hervir, retire el cazo del fuego y siga dando vueltas, esta vez con una batidora eléctrica, hasta que la mezcla resulte espumosa. Esta operación evita que en la superficie se forme la película de la leche y sirve para liberar todo el aroma del cacao.

Puede servir el chocolate con un poco de nata montada, canela o licor (particularmente indicado en los fríos días de invierno).

CHOCOLATE VENECIANO HISTÓRICO

INGREDIENTES PARA 4 PERSONAS

200 g de chocolate negro

50 g de azúcar

canela molida

maicena

vainilla molida

sal

TIEMPO DE PREPARACIÓN
10 min

Ponga en un cazo el chocolate negro troceado y añada el azúcar, una cucharadita de maicena y medio litro de agua. Luego incorpore una cucharada de canela molida, una pizca de vainilla y otra de sal. Lleve a ebullición mezclando con un batidor de varillas y mantenga el hervor durante al menos 4 minutos. Sirva el chocolate hirviendo.

BATIDO DE CACAO

INGREDIENTES PARA 4 PERSONAS

8 dl de leche

30 g de cacao amargo

30 g de azúcar

TIEMPO DE PREPARACIÓN
5 min

Bata la leche con el cacao, el azúcar y un poco de hielo picado. Sirva el batido en vasos altos con caña.

CREMA DE CALABAZA CON ALMENDRAS Y CHOCOLATE NEGRO

INGREDIENTES PARA 4 PERSONAS

500 g de pulpa de calabaza

100 g de nata

50 g de mantequilla

40 g de chocolate negro

40 g de almendras peladas y tostadas

1 l de caldo

1 naranja

TIEMPO DE PREPARACIÓN
30 min

Corte la calabaza en pedacitos uniformes y cuézala en la mantequilla con medio vaso de caldo.

Cuando esté cocida tamícela, añada el resto del caldo y el zumo de la naranja y lleve a ebullición.

A continuación, retírelo del fuego, líguelo todo con la nata y vierta la crema en platos individuales. Espolvoree con las almendras picadas finas y el chocolate rallado. Sirva de inmediato.

¿Plato dulce o salado? La pregunta es lógica, después de examinar la lista de los ingredientes de esta curiosa crema que, en cualquier caso, debe degustarse como primer plato, insólito pero adecuado incluso para comidas de cierto compromiso y con comensales abiertos a nuevas experiencias gastronómicas.

ÑOQUIS AL CHOCOLATE

INGREDIENTES PARA **4** PERSONAS

800 g de patatas harinosas

200 g de harina

100 g de chocolate negro

80 g de mantequilla

80 g de nata

canela molida

pan rallado

azúcar glas

1 huevo - sal

TIEMPO DE PREPARACIÓN
50 min

Cueza las patatas en abundante agua, pélelas y redúzcalas a puré. Póngalo en la superficie de trabajo e incorpore la harina, el chocolate rallado, el huevo y la nata. Trabájelo todo bien hasta obtener una masa homogénea. Forme con ella pequeños cilindros y córtelos en pedacitos de 3 cm de longitud.

Cueza los ñoquis en abundante agua salada y vaya escurriéndolos a medida que afloren a la superficie. Dispóngalos en una fuente honda de servir y condiméntelos con azúcar glas, canela y pan rallado.

Funda la mantequilla en un cazo, viértala sobre los ñoquis y sirva de inmediato.

En la mantequilla utilizada para condimentar estos ñoquis puede dorar unos pimientos verdes cortados en rodajas finas. En cambio, para una versión «picante», espolvoree con guindilla roja picada.

ÑOQUIS DE PAN AL CACAO

INGREDIENTES PARA **4** PERSONAS

350 g de pan rallado

120 g de parmesano rallado

100 g de mantequilla

40 g de cacao amargo

4 huevos

harina

nuez moscada

salvia

leche

sal - pimienta

TIEMPO DE PREPARACIÓN
30 min + 1 h para que repose

Reúna en un cuenco el pan rallado, dos huevos enteros, dos yemas, 50 g de mantequilla fundida, el cacao, tres cucharadas de queso y dos de harina, un vaso de leche tibia, una pizca de sal, una de pimienta y una de nuez moscada rallada. Mezcle cuidadosamente, amalgamando bien el compuesto, y luego déjelo reposar durante 1 hora.

Transcurrido ese tiempo, compruebe la consistencia del compuesto añadiendo, según los casos, un poco de leche o de harina. Forme unos ñoquis, enharínelos y cuézalos en agua hirviendo salada, escurriéndolos a medida que vayan saliendo a flote.

Condimente los ñoquis con el resto de la mantequilla fundida aromatizada con unas hojas de salvia y el resto del queso. Sírvalos de inmediato.

El cacao amargo aromatiza agradablemente estos ñoquis de pan, a condición de atenerse rigurosamente a la dosis prescrita.

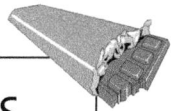

MACARRONES CORTOS CON SARDINAS AL AROMA DE CHOCOLATE

INGREDIENTES PARA 4 PERSONAS

350 g de macarrones cortos

30 g de chocolate negro

10 sardinas

1 diente de ajo

pan rallado

aceite de oliva virgen extra

sal

TIEMPO DE PREPARACIÓN
35 min

Limpie y lave las sardinas. Quíteles la cabeza y la cola. Ponga el pescado en un recipiente pequeño, cúbralo con agua fría y hiérvalo a media cocción.

Sofría el ajo machacado en 1 dl de aceite. Quite las espinas a las sardinas, añádalas al sofrito, sazónelas y cuézalas a fuego lento. A continuación, agregue el chocolate rallado y unas cucharadas de pan rallado.

Cueza la pasta en abundante agua salada, escúrrala, mézclela con la salsa y sírvala en seguida.

Fueron probablemente los españoles quienes dieron a conocer el chocolate a las poblaciones del sur de Italia, que lo utilizaron como complemento en algunos platos locales.

RISOTTO CON MANZANAS Y CHOCOLATE

INGREDIENTES PARA 4 PERSONAS

300 g de arroz

50 g de chocolate negro

30 g de mantequilla

2 manzanas reinetas

1 cebolla

nata

parmesano rallado

caldo vegetal

vino blanco seco

aceite de oliva virgen extra

TIEMPO DE PREPARACIÓN
30 min

En dos cucharadas de aceite dore media cebolla cortada gruesa. A continuación, elimínela y añada el arroz. Tuéstelo ligeramente, removiendo, y luego vierta medio vaso de vino y deje que se evapore. Bañe el arroz con el caldo hirviendo, añadiendo más caldo cada vez que se seque, y prosiga la cocción removiendo a menudo. Mientras tanto, pele las manzanas, quíteles el corazón y ralle la pulpa.

Cinco minutos antes de que esté cocido el arroz añada las manzanas ralladas. Acabada la cocción, incorpore el chocolate rallado, la mantequilla, dos cucharadas de queso y dos de nata. Sirva de inmediato.

Esta receta de origen italiano es una variante del clásico *risotto* con manzanas, más apetitoso y delicioso gracias a la curiosa combinación de manzanas y chocolate.

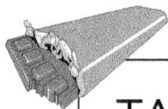

TALLARINES DE BORRAJA AL CACAO

INGREDIENTES PARA 4 PERSONAS

400 g de hojas de borraja

300 g de harina

40 g de cacao amargo

20 g de piñones

3 huevos

nata

aceite de oliva virgen extra

sal

pimienta

TIEMPO DE PREPARACIÓN
40 min

Hierva la borraja en abundante agua (que se conservará), escúrrala y pásela por el pasapurés. Ponga la harina en la superficie de trabajo, añada los huevos, la borraja picada, un poco de agua y una pizca de sal, y amáselo todo. Forme con la masa una lámina y obtenga unos tallarines bastante anchos. Cuézalos en el agua de cocción de la borraja salada. Mientras tanto, pulverice los piñones y sofríalos en dos cucharadas de aceite durante varios minutos. Añada tres o cuatro cucharadas de nata en la que se habrá disuelto el cacao y prosiga la cocción durante 2 o 3 minutos. Retire del fuego y salpimiente. Escurra los tallarines, mézclelos con la salsa y sírvalos.

Las hojas de borraja, a menudo utilizadas en la cocina, tienen un sabor que recuerda el de una manzana madura y que combina estupendamente con el del cacao.

HÍGADO DE TERNERA CON CACAO

INGREDIENTES PARA 4 PERSONAS

400 g de hígado de ternera

1 dl de vino blanco seco

2 plátanos

1 zanahoria pequeña

1 cebolla pequeña

1 rama de apio

1 limón

laurel

cacao amargo

clavos de olor

orégano molido

ron

aceite de oliva virgen extra

sal - pimienta

TIEMPO DE PREPARACIÓN
30 min

Pique finas la cebolla, la zanahoria y media rama de apio. A continuación, prepare un adobo con la picada, el vino, una cucharada de cacao, dos hojas de laurel, unos clavos de olor, una pizca de orégano, sal y pimienta.

En una sartén dore el hígado cortado en filetes en un poco de aceite durante 1 minuto. Luego añada el líquido del adobo y prosiga la cocción a fuego muy lento, hasta que espese la salsa.

Coloque los filetes de hígado en una fuente de servir caliente y viértales encima la salsa hirviendo filtrada. Corte los plátanos en rodajas, rocíelos con zumo de limón y espárzalos sobre la carne. A continuación, bañe con una copita de ron, flambee y sirva de inmediato.

Para esta receta centroamericana, que en la versión original utiliza hígado de cerdo, hemos preferido el hígado de ternera por ser más delicado.

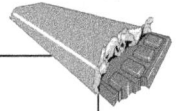

LIEBRE «IN DOLCE FORTE»

INGREDIENTES PARA 4 PERSONAS

1 liebre troceada

50 g de pasas

40 g de chocolate negro

40 g de panceta

30 g de mantequilla

30 g de piñones

laurel

harina

azúcar

caldo

vino tinto

aceite de oliva virgen extra

vinagre blanco

sal

pimienta

TIEMPO DE PREPARACIÓN
2 h y 10 min

Caliente en una cazuela llana dos cucharadas de aceite con la mantequilla y la panceta picada, dórela ligeramente y añada los trozos de carne bien enharinados. Cuando hayan tomado color, salpiméntelos y báñelos con un vaso de vino y uno de caldo. Agregue una hoja de laurel y prosiga la cocción a fuego lento durante 2 horas.

Media hora antes del final añada los piñones y las pasas previamente remojadas en un poco de agua y escurridas.

Mezcle el chocolate rallado con una cucharada de harina, una de vinagre, dos cucharaditas de azúcar y una pizca de sal. A continuación, dilúyalo todo con un poco de agua templada.

Vierta la salsa en la cazuela y, si es necesario, añada un poco de caldo. Llévelo a ligera ebullición y si es necesario rectifique la sal.

Acabada la cocción, coloque los trozos de carne en una fuente de servir caliente, recúbralos con la salsa y sírvalos de inmediato.

«In dolce forte» es una antigua forma toscana de cocinar sobre todo la liebre y el jabalí. Las personas a quienes no les guste la caza pueden preparar este plato con conejo o lengua de buey.

CHULETA DE CERDO AGRIDULCE

INGREDIENTES PARA 6 PERSONAS

800 g de chuleta de cerdo

100 g de jamón serrano

50 g de chocolate negro

40 g de fruta confitada

30 g de pasas de Corinto

12 ciruelas secas deshuesadas

1 zanahoria pequeña

1 cebolla pequeña

1 rama de apio

1 diente de ajo

laurel

piñones

perejil

azúcar

vino blanco seco

aceite de oliva virgen extra

vinagre blanco

sal

pimienta

TIEMPO DE PREPARACIÓN
2 h

Remoje en agua, por separado, las ciruelas y las pasas. Ate la carne y dórela en una cacerola con cuatro cucharadas de aceite. Pique el jamón muy fino y añádalo a la carne con la picada de cebolla, el apio, la zanahoria, el ajo y el perejil. Rehóguelo todo a fuego lento y luego báñelo con un vaso de vino. Salpimiéntelo, tape la cacerola y cuézalo despacio durante una hora y media.

Ponga el chocolate troceado en un cazo, añada las pasas escurridas, una cucharada de piñones, la fruta confitada picada, un par de hojas de laurel enteras y dos tazas de agua caliente. Caliéntelo a fuego muy lento y llévelo despacio a ebullición. A continuación, añada las ciruelas picadas y medio vaso de vinagre mezclado con una cucharada de azúcar. Deje que hierva suavemente durante un cuarto de hora. Añada el fondo de cocción de la carne filtrado y deje que espese.

Desate la carne, córtela en filetes en una fuente de servir caliente, báñela con parte de la salsa, vertiendo el resto en una salsera, y sírvala.

Este preparado, que pertenece a la gran categoría de los platos agridulces, contrariamente a otros similares, presenta una considerable riqueza de ingredientes. A pesar de ello, los sabores consiguen amalgamarse a la perfección.

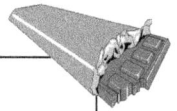

PAVO AL CHOCOLATE

INGREDIENTES PARA **8** PERSONAS

1 pavo de 2,5 kg

120 g de miga de pan

100 g de cebollas

80 g de chocolate negro

70 g de salchicha

40 g de mantequilla

2 dl de leche

1 diente de ajo - 1 huevo

pimentón picante

nata

salvia

vino blanco seco

pimienta negra en grano

sal

TIEMPO DE PREPARACIÓN
2 h y 30 min

Ponga la miga durante 5 minutos en la leche caliente y luego escúrrala y trasládela a un cuenco.

Corte las cebollas en aros finos y rehóguelos en la mantequilla sin que lleguen a dorarse.

A continuación, añada el ajo picado, la salchicha desmenuzada, el huevo, una pizca de sal, una de pimienta recién molida, una cucharadita de salvia desmenuzada y un poco de pimentón picante.

Amalgame bien todos los ingredientes, rellene el pavo con el compuesto, átelo y hornéelo a 180 °C durante 2 horas. Una vez asado sáquelo del horno, desátelo y consérvelo en un lugar cálido.

En una cacerola vierta dos vasos de vino y una taza de nata e incorpore el chocolate en escamas. Póngala en el fuego y remueva sin cesar hasta obtener una salsa suave. Coloque el pavo en una fuente caliente, recúbralo con la salsa y sírvalo de inmediato.

En México no son raras las preparaciones culinarias que combinan el chocolate con ingredientes salados. Este plato tradicional es un típico ejemplo.

TRUCHAS AL CHOCOLATE

INGREDIENTES PARA **4** PERSONAS

4 truchas de 200 g cada una

50 g de chocolate negro

50 g de perejil picado

5 dl de vinagre blanco

1 naranja

1 cebolla - 1 limón

1 diente de ajo

menta - romero - salvia

aceite de oliva virgen extra

sal

TIEMPO DE PREPARACIÓN
25 min + 12 h para que se enfríe

Limpie las truchas, lávelas, séquelas, practíqueles una incisión en el lomo y enharínelas. Ponga en el fuego una sartén con abundante aceite, una ramita de romero y unas hojas de salvia. Cuando esté caliente coloque las truchas y fríalas dándoles la vuelta. A continuación, sáquelas de la sartén, sazónelas y póngalas en una cazuela de barro formando una sola capa. Espolvoréelas con el chocolate rallado. En una cacerola (que no sea de aluminio) sofría la cebolla cortada en aros en cinco cucharadas de aceite. Añada el perejil y el ajo picados, unas hojas de menta, el vinagre y la ralladura de la naranja y del limón. Hierva durante 10 minutos y luego viértalo todo sobre las truchas. Tápelas, deje que se enfríen y métalas en la nevera durante 12 horas.

Esta inusual receta proviene de las zonas limítrofes entre Italia y Eslovenia.

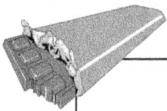

ÍNDICE DE RECETAS

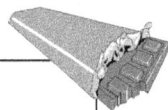

www.ingramcontent.com/pod-product-compliance
Lightning Source LLC
Chambersburg PA
CBHW080539090426
42733CB00016B/2623